"十四五"职业教育国家规划教材

财经类新形态创新示范系列教材

新媒体推广

微课版 | 第 2 版

赵雨 彭坤 / 主编

徐丽娟 / 副主编

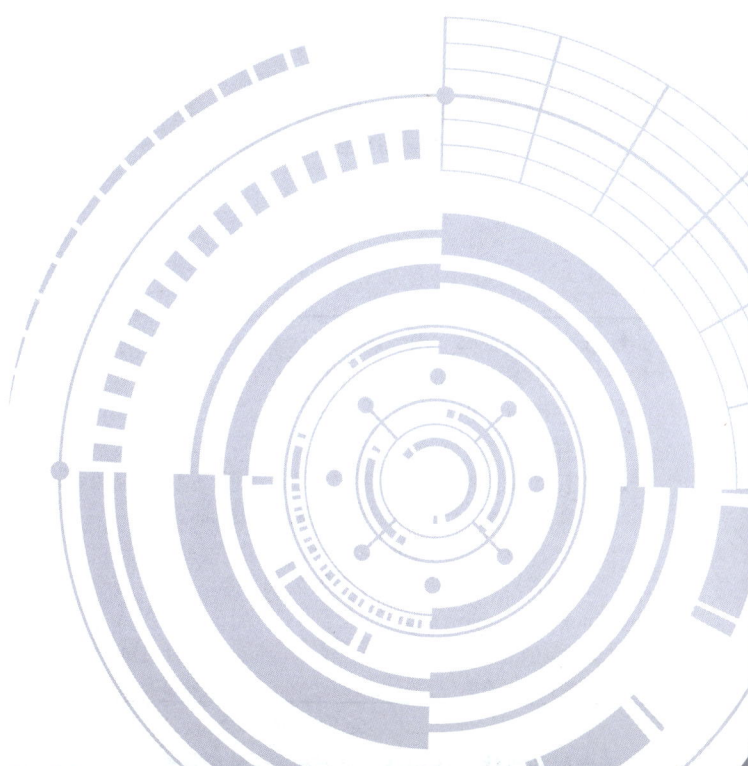

人 民 邮 电 出 版 社

北 京

图书在版编目（CIP）数据

新媒体推广：微课版 / 赵雨，彭坤主编. -- 2版
. -- 北京：人民邮电出版社，2024.7
财经类新形态创新示范系列教材
ISBN 978-7-115-64316-2

Ⅰ. ①新… Ⅱ. ①赵… ②彭… Ⅲ. ①网络营销—高
等职业教育—教材 Ⅳ. ①F713.365.2

中国国家版本馆CIP数据核字(2024)第084453号

内 容 提 要

本书以增强读者对新媒体推广相关工作的认知，提升相应职业技能为宗旨，紧密跟踪新媒体行业的最新动态与数据，深度融合企业实战案例，全面而系统地剖析了当前主流的新媒体推广方式。本书充分调研行业企业，融入指数分析工具、AI内容生成、大数据分析等12类新技术、新应用，以适应新质生产力发展需要，加快培养应用技术型人才。

本书依据新媒体推广领域的核心职业活动，精心构建了4个项目：新媒体推广网络调研、图文推广、短视频推广及网络广告推广。新媒体推广网络调研作为开篇项目，是新媒体推广的先导和基础，不仅能够让读者准确地捕捉目标用户的需求和偏好，还能为推广策略的制定提供有力支持。其他3个项目遵循典型的职业活动流程设计学习情境，围绕认知建立、策略规划、创意设计、实施执行及运营管理等关键环节展开，对新媒体推广进行了全面剖析。

本书不仅可以作为高等职业院校电子商务、市场营销、网络营销与直播电商等专业的新媒体营销、新媒体推广相关课程的教材，也可作为新媒体推广、新媒体运营、网络推广及网络广告等领域从业人员的参考书。

◆ 主　编　赵　雨　彭　坤
　　副主编　徐丽娟
　　责任编辑　白　雨
　　责任印制　王　郁　彭志环
◆ 人民邮电出版社出版发行　　　　北京市丰台区成寿寺路 11 号
　　邮编　100164　电子邮件　315@ptpress.com.cn
　　网址　https://www.ptpress.com.cn
　　北京联兴盛业印刷股份有限公司印刷
◆ 开本：787×1092　1/16
　　印张：11.5　　　　　　　2024 年 7 月第 2 版
　　字数：288 千字　　　　　2025 年 2 月北京第 4 次印刷

定价：56.00 元

读者服务热线：(010)81055256　印装质量热线：(010)81055316
反盗版热线：(010)81055315

前言

在新一轮科技革命和产业变革的推动下，人工智能、大数据、云计算和区块链等尖端技术迅猛发展，同时催生了移动应用、社交媒体、网络直播、短视频等新型应用和业务形态，这些新质生产力正引领着社会与经济的深刻转型。近年来，我国对互联网和新媒体的发展给予了高度关注，相关政策的规划部署显现出专项化、频繁化和密集化的趋势。众多企业积极响应，利用新媒体技术进行深层次的变革与发展，以此提升自身竞争力。基于新媒体的多样化推广方式逐渐成为企业营销的主流手段，这不仅体现了新媒体的商业价值，更彰显了其作为新质生产力在现代社会发展中的关键作用。

本书贯彻落实党的二十大精神，立足"培养什么人、怎样培养人、为谁培养人"这一教育的根本问题，充分发挥专业教材的育人载体作用，将价值塑造、知识传授和能力培养三者有机融合，并通过"博古通今""法治护航"等特色栏目将党的二十大精神落实到位，发挥铸魂育人实效，努力培养更多德智体美劳全面发展的高素质新媒体推广专业人才。

本书以国家专业教学标准为依据，校企合作开发共同编写，是反映行业企业新技术、新工艺、新规范的实用性新形态教材，职业教育类型特色鲜明。

本书编写特色

1. 坚持立德树人，注重德技并修

本书将教书和育人有机融合，设计"双轮驱动"的价值育人体系，通过"博古通今"栏目讲好中国故事、展示我国传统商业文化、商业道德，培养读者信守承诺、公平、诚信等职业素养；通过"法治护航"栏目传播行业最新法律法规，加强读者维护商业秩序和保护消费者权益的职业道德。

2. 创新"课前自学、课中实训、课后提升"编写形式，活页式展示

本书采用"课前自学、课中实训、课后提升"三段式创新设计，活页式展现。将每个项目的"课前自学"合起来，即理论知识；将"课中实训"合起来，即实训手册；将"课后提升"合起来，即案例集。

3. 配套知识点微课视频，强化实战演练，助力教师教学改革

本书"课前自学"部分近20个知识点配有微课视频，方便读者课前自学；"课中实训"部分设计近40个实战演练任务，按照读者认知规律由易到难进行设计，每个实战任务设计了详细的实施流程表，帮助读者厘清工作流程；"课后提升"部分设置8个案例，融入AI、大数据等新技术、新应用，配合创新思考题，锻炼读者自学能力和高阶思维能力。"课前自学、课中实训、课后提升"编写形式的教学目标明确，助力教师实施"线上线下"混合式教学改革。

4. 教学资源丰富，配套省级在线精品课程

本书配套丰富的教学资源，读者扫描书中二维码，即可免费观看知识点微课视频，简单直观，形式丰富。同时，本书还提供课件PPT、教案、案例素材等立体化教学资源，读者可通过登录人邮教育社区登录（www.ryjiaoyu.com）免费下载。本书配套的MOOC"新媒体推广"是

山东省在线精品课程、山东省课程思政示范课程、山东省继续教育优质课程，在智慧职教平台已运行多轮。

本书编写组织

本书由赵雨、彭坤担任主编，徐丽娟担任副主编，张如勇参与编写。编写团队及成员分工如下：项目一由徐丽娟、张如勇编写；项目二由彭坤编写；项目三由彭坤、赵雨编写；项目四由赵雨编写；全书由赵雨负责统稿。

同时，山东半亩花田生物科技有限公司、山东福瑞达生物股份有限公司提供了翔实、生动的案例资源，在此感谢两家公司的大力支持。

尽管我们在编写过程中力求准确、完善，但书中难免存在不足之处，敬请广大读者批评指正。

编 者
2024 年 6 月

目 录

项目一

新媒体推广网络调研

党的二十大报告提出：“增进民生福祉，提高人民生活品质。”随着互联网、云计算等技术的发展，企业步入数字化转型升级的高速公路。通过大数据等新技术实施调研，可以让企业更加精准地定位目标用户，分析用户需求，从而改进产品体系及功能，为用户带来更贴心、更细致的服务。让我们一起开始新媒体推广网络调研的学习吧。

教学目标 ↓

▶ 素养目标

1. 具备信息素养，能够借助大数据平台搜集信息
2. 具备数据思维，能够分析调研数据并发现问题
3. 具备实事求是的价值观和求真务实的工作态度

▶ 知识目标

1. 理解用户调研的含义和步骤
2. 掌握用户调研问卷的设计步骤
3. 理解用户画像的含义和构建方法
4. 掌握使用 SWOT 分析法、波士顿矩阵分析法进行产品调研
5. 掌握使用百度指数进行产品调研

▶ 能力目标

1. 能够根据企业需求进行用户调研
2. 能够使用行业报告等进行用户调研
3. 能够设计用户调研问卷
4. 能够根据企业需求进行竞品调研
5. 能够根据企业需求进行热点调研

思维导图 ↓

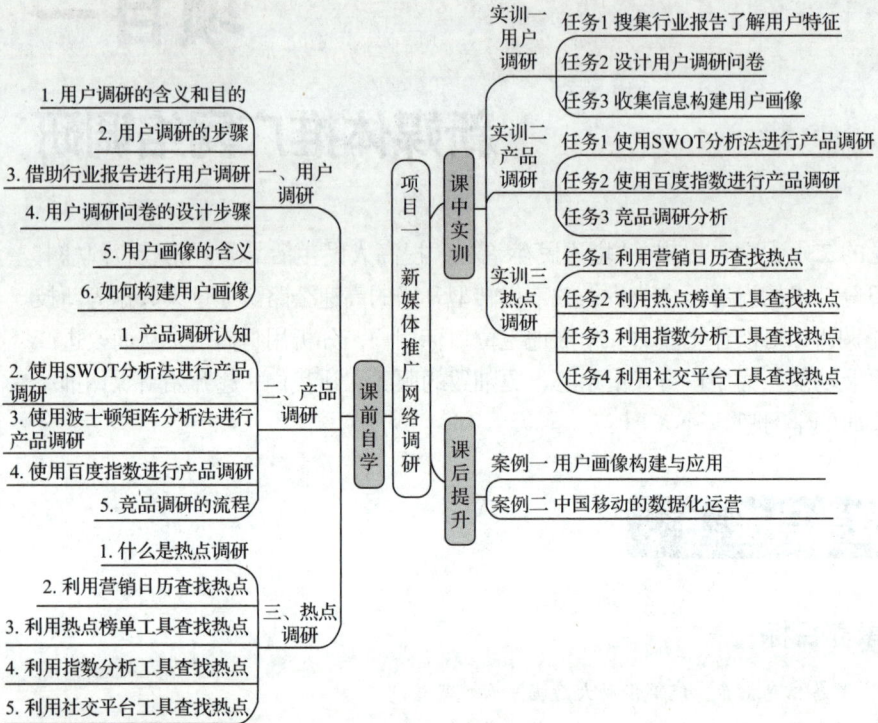

用户调研的含义和目的
用户调研的步骤
借助行业报告进行用户调研
用户调研问卷的设计步骤
用户画像的含义
如何构建用户画像
一、用户调研

产品调研认知
使用SWOT分析法进行产品调研
使用波士顿矩阵分析法进行产品调研
使用百度指数进行产品调研
竞品调研的流程
二、产品调研

什么是热点调研
利用营销日历查找热点
利用热点榜单工具查找热点
利用指数分析工具查找热点
利用社交平台工具查找热点
三、热点调研

课前自学

项目一 新媒体推广网络调研

课中实训

实训一 用户调研
任务1 搜集行业报告了解用户特征
任务2 设计用户调研问卷
任务3 收集信息构建用户画像

实训二 产品调研
任务1 使用SWOT分析法进行产品调研
任务2 使用百度指数进行产品调研
任务3 竞品调研分析

实训三 热点调研
任务1 利用营销日历查找热点
任务2 利用热点榜单工具查找热点
任务3 利用指数分析工具查找热点
任务4 利用社交平台工具查找热点

课后提升
案例一 用户画像构建与应用
案例二 中国移动的数据化运营

学习计划 ↓

● 素养提升计划

_____

_____

● 知识学习计划

_____

_____

● 能力训练计划

_____

_____

课前自学

博古通今

见端知未，预测生财

据《夷坚志》记载，宋朝年间，有一次临安城失火"殃及池鱼"，一位裴姓商人的店铺也随之起火，但他并没有像其他人一样去自己家救火，而是张罗着出城采购竹木砖瓦、芦苇椽桷等建筑材料。火灾过后，百废待兴，市场上建房材料热销缺货，裴姓商人当时采购的材料以最快的速度满足了百姓的需要，一售而空，赚的钱数十倍于店铺烧毁所值之钱。"管中窥豹，略见一斑"，敏锐的观察力和对未来市场准确的判断力是经商者的重要能力之一。

古为今用

"市场调研"在新媒体推广中有什么重要的作用呢？

一、用户调研

1. 用户调研的含义和目的

调研是调查研究的简称，指通过各种调查方式（如网络调查等）获得受访者的态度和意见等信息，并进行统计分析，研究事物的总特征。调研的目的是获得系统客观的信息，为决策做准备。用户调研是指对用户进行调查研究，具体是指调研者通过网络调查、面对面访谈等调查方式获取有关用户的态度和意见等信息，并对信息进行统计分析，研究用户特征以辅助企业进行经营决策的调查研究活动。

《产品经理方法论》一书曾提及"了解用户胜过了解自己"。由此可见，用户调研现在已经成为一些企业的重要工作。在新媒体推广中，用户调研的目的是更明确、更清晰地理解用户，从而为产品设计或品牌推广提供导向，主要体现在以下几点。

（1）寻找用户需求

通过用户调研，调研者不仅能够挖掘用户的新需求、排除用户的伪需求，还能够对用户需求的强弱进行验证。

（2）进行用户洞察

通过用户调研，调研者能够了解用户的喜好、满意度，有机会了解用户的真实想法，从而进行用户洞察。

（3）接收用户建议

通过用户调研，调研者能够接收用户的反馈建议，如优化产品的某个功能，从而让产品变得更好。

2. 用户调研的步骤

一个完整的用户调研可以分为确定调研目的、制订调研计划、执行调研过程和分析调研结果 4 个步骤。

（1）确定调研目的

针对不同的调研目的，调研者会采用不同的调研方法，并寻找不同的调研人群。因此，确定清晰的调研目的是整个调研过程中关键的第一步。按时间先后顺序，用户调研目的可分为 3 类：用户需求调研、用户洞察调研和用户建议调研。

（2）制订调研计划

确定调研目的后，要针对调研目的制订调研计划，举例如下。

① 调研目标用户的特质。

② 选择抽样方式，确定调查对象。

③ 选择调研方法，确定获取信息的方式。

④ 确定具体的调研内容。

⑤ 确定调研的时间、地点、参与人员、设备等。

⑥ 确定预算、时间和人员等的分配。

（3）执行调研过程

完善的调研计划能够保证用户调研过程的有效执行。在调研过程中，调研者要多留意用户的细微言词，并引导用户说出自己真实的想法，从而发现问题。调研者要避免自身潜意识的想法影响用户的决策。例如在设计调研问卷时，问卷题目用词尽量客观，不带倾向性。

（4）分析调研结果

调研者通过分析发现调研中的关键问题，并得出相关结论。一个针对需求的分析流程举例如下。

① 调研用户和目标用户是否匹配。

② 对比调研结果是否有较大差别。

③ 用户觉得产品能否满足他们的需求。

④ 这个需求是痛点、刚需还是一个无关紧要的需求？

⑤ 用户是否觉得产品有特色，是否愿意为其付费。

调研结果通常以调研报告的形式呈现。通过分析调研结果，调研者可以获取用户需求特征、行为特征等信息，从而为新媒体推广提供决策依据。

3. 借助行业报告进行用户调研

用户调研过程中，当用户群体较为明确时，调研者可以借助行业报告对用户特征、需求等进行分析，这在一定程度上能够提高用户调研的效率和水平。

例如，某企业希望能够了解当前视频会议产品用户群体的特征，该企业除了进行问卷调研，还可以通过查询相关行业报告来了解视频会议用户群体的特征。例如，艾瑞咨询发布的《视频会议用户洞察白皮书》中对视频会议用户进行了分析，如图 1-1 和图 1-2 所示。

视频会议产品的使用原因

用户选择产品品牌时，多通过单位/学校/会议主办方指定

视频会议产品的选择原因分为组织指定使用和个人主动选择，大多数用户选择产品品牌时根据组织或参会方指定选择。组织指定使用中，根据单位/学校指定选择产品品牌使用的用户较多，同时根据会议主办方指定产品的用户占比较大；同公司系列产品捆绑下载的情况较少出现。个人主动选择中，约半数的用户选择自主了解产品或通过同事朋友推荐合适的视频会议产品。

图1-1　2023年我国视频会议产品用户使用原因

视频会议产品的使用频次

每周使用1~2次产品的低频用户数量居多

受远程办公进程加快、视频会议行业蓬勃发展、产品多样性提升等因素影响，多数用户逐渐形成固定的视频会议产品使用习惯，每周使用1~2次的用户数量超过37%。整体来看，约半数的用户是视频会议产品的低频用户，中频用户约占40%，高频用户仅占11.1%。

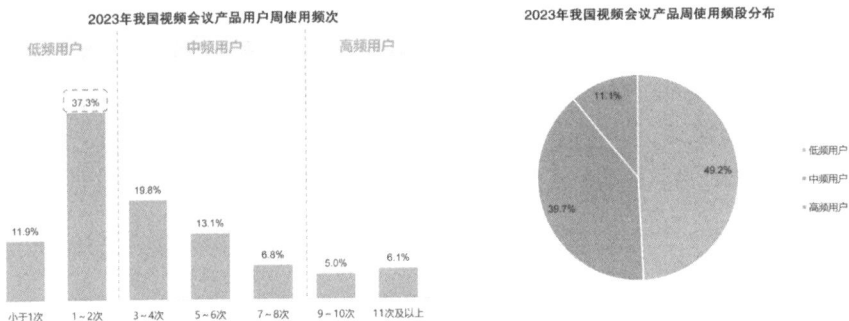

图1-2　2023年我国视频会议产品用户使用频次

通过查看和分析这份报告，调研者可以获得关于用户视频产品使用行为特征的调研结果。因此，行业报告在进行用户调研时可以节省时间，提高调研效率。

练一练

如果某微信公众号的用户定位为"00后"大学生群体，请你查询可以下载相关行业报告的网站有哪些。

想一想

第三方研究报告的来源有很多，这些第三方研究报告的信息可以相信吗？如何找到可信度高的行业报告？

4．用户调研问卷的设计步骤

问卷调研是新媒体推广运营中用户调研经常使用的方法。而在问卷调研中，问卷设计是其中的关键。问卷设计的好坏将直接决定能否获得准确可靠的用户信息。

（1）问卷的基本要求

一份完善的用户调研问卷在形式和内容两个方面都应达到一定的要求。从形式上看，用户调研问卷要求版面整齐、美观，便于阅读和作答；从内容上看，一份好的用户调研问卷应满足以下几方面的要求。

① 问卷问题具体、表述清楚、重点突出，整体结构好。

② 确保问卷能完成调研任务与目的。

③ 调研问卷应把握正确的舆论导向，注意对被调研者可能造成的影响。

④ 便于统计整理。

（2）问卷设计的过程

问卷设计的过程一般包括 9 个步骤。

① 确定要调研的信息。

确定要调研的信息是问卷设计的前提工作。调研者必须在问卷设计之前确定所有用户调研主题需要的信息，并决定信息描述和分析的方法，如频率分布、因果分析法等，并按照这些分析方法所要求的信息形式来收集资料。

② 确定问卷的类型。

制约问卷类型选择的因素有很多，研究课题和调研项目会影响问卷的类型。在确定问卷类型时，必须综合考虑调研费用、时效性要求、调研内容等制约因素。

③ 确定问题的内容。

确定问题的内容应当从被调研者的角度出发。提前分析被调研者群体，不要盲目确定问卷中问题的内容。

④ 确定问题的类型。

问题的类型归结起来分为以下 4 种。在实际的用户调研问卷中，往往是几种类型的问题同时存在，单纯采用一种类型问题的问卷并不多见。

第一种是自由问答题。例如，请您陈述对 ×× 问题的看法。

第二种是两项选择题。例如，您的性别为（　　　）。

A．男　　　　　B．女

第三种是多项选择题。例如，您经常使用的牙膏品牌是（　　　）。

A．高露洁　　B．中华　　C．舒适达　　D．其他

第四种是顺位式问答题。例如，请你对以下手机品牌的喜好程度进行排序，从高到低依次排序（　　　）。

A．苹果　　　B．华为　　C．小米

⑤ 确定问题的措辞。

为保证问卷的质量，问题的措辞应注意以下几点。

● 问题的陈述尽量简洁。

● 避免设计带有双重或多重含义的问题。

● 最好不用反义疑问句，避免否定句。

- 避免问题的从众效应和权威效应。

⑥ 确定问题的顺序。

问卷中的问题应遵循一定的排列顺序，问题的排序会影响被调研者的兴趣、情绪，进而影响其合作积极性，所以应做出精心设计。

一般而言，问卷的开头部分应安排比较容易的问题，这样可以给被调研者一种轻松、愉快的感觉，以便于他们继续答下去；中间部分最好安排一些核心问题，即调研者需要掌握的资料，这部分是问卷的核心，应该妥善安排；结尾部分可以调研一些个人背景资料，如职业、年龄、收入等。个人背景资料虽然属事实性问题，也十分容易回答，但有些问题，如收入、年龄等属于敏感性问题，因此一般安排在结尾部分。当然在不涉及敏感性问题的情况下也可将个人背景资料安排在开头部分。另外，还要注意问题的逻辑顺序，有逻辑顺序的问题一定要按逻辑顺序排列，即使打破上述规则也要符合逻辑。

⑦ 问卷的排版和布局。

问卷的设计工作基本完成后，调研者便要着手问卷排版和布局。问卷排版和布局的总体要求是整齐、美观，便于阅读、作答和统计。

⑧ 问卷的测试。

问卷的初稿设计工作完成后，不要急于投入使用，特别是对于一些大规模的问卷调研，最好的办法是先组织问卷的测试，如果发现问题就及时修改。测试通常选择 20 ～ 100 人。如果第一次测试后有很大的改动，可以考虑组织第二次测试。

⑨ 问卷的定稿录入。

完成问卷的测试工作，确定没有必要再进一步修改后，就可以考虑定稿。问卷定稿后就可以录入网上调研系统。

5.用户画像的含义

在众多的大数据工具中，用户画像是帮助企业准确识别和分析目标用户的有效工具。所谓用户画像，是对产品或服务目标群体进行真实特征的勾勒，是真实用户的综合原型，是一种勾画目标用户的有效工具。用户画像能帮助企业以最为浅显和贴近生活的话语将用户的属性、行为与期待联结起来。作为实际用户的虚拟代表，用户画像所形成的用户角色是基于产品和市场构建出来的，能够准确代表产品的主要受众和目标群体。

动画视频

什么是用户画像

👤 **知识拓展**

用户画像八要素（PERSONAL）

P 代表基本性（Primary）：该用户角色是否基于对真实用户的情境访谈。

E 代表同理性（Empathy）：用户角色中包含姓名、图片、与产品相关的描述，该用户角色是否引起同理心。

R 代表真实性（Realistic）：对每天与用户打交道的人来说，用户角色是否看起来像真实人物。

S 代表独特性（Singular）：每个用户是不是独特的，彼此很少有相似性。

O 代表目标性（Objectives）：该用户角色是否包含与产品相关的高层次目标，是否包含关键词来描述该目标。

N 代表数量性（Number）：用户角色的数量是否足够少，以便设计团队能记住每个用户角色的姓名，以及其中的一个主要用户角色。

A 代表应用性（Applicable）：设计团队是否能使用用户角色作为一种实用工具进行设计决策。

L 代表长久性（Long）：用户标签的长久性。

6．如何构建用户画像

用户画像的核心工作是给用户打标签。标签通常是人为规定的高度精练的特征标识，如年龄、性别、地域、兴趣等，这些标签集合了能抽象描述一个用户的特征。图1-3所示为某化妆品企业微信公众号用户标签集合，每个标签分别描述了该用户的一个维度，各个维度之间相互联系，共同构成对用户的一个整体描述。构建用户画像时，有3种方法可以选择。

图1-3 用户标签集合

微课视频

大数据时代的
用户画像

（1）群体定量统计分析

构建用户画像的基础是通过数据对用户有初步的了解，一般采用数据提取分析与问卷调研两种方式进行。根据用户画像构建目标确定统计分析的维度指标，可以按照人口属性和产品行为属性进行综合分析。

用户的人口属性有地域、年龄、性别、文化、职业、收入、生活习惯、消费习惯等。

用户的产品行为属性有产品使用类别、产品使用频率、产品喜好、产品使用驱动、产品使用习惯等。

（2）具象的定性个体描述

具象的定性个体描述就是创造人物角色。"交互设计师"艾伦·库珀提出了"用户角色"这一概念，是在海量数据分析的基础上，进行具象化得到一个虚拟用户。这种方法根据用户的目标、行为和观点的差异，将所有用户分为不同类型，然后在每种类型中抽取出典型特征。例如，一些个人基本信息，家庭、工作、生活环境描述，赋予一个名字、一张图片、日常场景等描述，就形成了一个具象的典型用户画像。为了让用户画像便于记忆，可以用具体的名字、标志性语言、几条简单的关键特征进行描述。一个产品通常会设计3～6个角色来代表所有的用户群体。具象的用户画像可以更好地理解用户、提高沟通效率，也可以作为产品设计的依据。

（3）数据建模与产品应用

利用大数据做出好产品在当前大数据时代越来越受到重视。数据建模的方法有很多，在新媒体用户调研中，使用较多的是用户分类、各种推荐算法、防流失模型等。例如，"QQ音乐猜你喜欢"就使用了推荐算法。腾讯运营团队从歌手、专辑、单曲3个维度，为用户构建用户画像，针对不同类型的用户推荐不同类型的歌曲。

二、产品调研

1．产品调研认知

微课视频

产品调研知多少

在新媒体推广中，产品调研是指通过文案调研、问卷调研等方式对自身产品及竞争对手产品的质量、用户评价、交互和功能等内容进行了解，为现有产品优化和新产品设计提供决策支持的过程。

产品调研主要分为两大类，一是对自身产品进行调研，了解产品的概况；二是竞品调研，分析竞品的情况。

产品调研一般流程如下。

（1）明确调研的背景和目的

在进行调研前，调研者应明确进行产品调研的原因，是为了了解同类产品，还是为了改善现有产品。同时，还要明确希望通过调研得到的结果，例如通过调研的结论，制定自己的产品战略。在进行这一步时需注意，调研主题应尽量聚焦，主题的聚焦可以提升调研价值，降低调研难度。

（2）选定目标产品

在选定目标产品时，调研者应关注同类主流产品的相关模块。例如，了解电商支付流程时对京东、微店等的调研，了解社交网站注册流程时对微信等的调研。

（3）深入体验产品

在产品体验过程中，调研者应重点关注用户、场景和需求。把用户、场景、需求明确下来后，尽可能找到相应的用户做简单访谈，并找出用户视角的产品实现逻辑。

（4）分析产品

在进行产品分析时，调研者应从产品视角来分析，重点关注产品表现，同时关注产品迭代和运营情况的分析，横向比较同类产品。

（5）撰写产品分析报告

产品分析报告应有清晰明确的结论，能够清楚地表达调研过程和结论之间的关联，并且调研者应从中立的角度来描述调研结果。

2．使用SWOT分析法进行产品调研

SWOT分析法也叫态势分析法，20世纪80年代初由美国教授韦里克提出，常用于产品分析。S（Strengths）是优势，W（Weaknesses）是劣势，O（Opportunities）是机会，T（Threats）是威胁。优势和劣势为产品内部因素，受产品品质、材料、人力、机器、渠道、服务等因素影响；机会和威胁为产品外部因素，受市场、经济、社会、政策等因素影响。

优势是指企业超越其竞争对手的能力，或者企业所特有的能提高竞争力的能力。劣势是指

企业与其竞争对手相比做得不好的地方，因而企业与竞争对手相比处于不利地位。调研者可以从产品质量、效率、成本、人力、技术、价格、销售、服务、产量、渠道等方面对产品进行优势与劣势分析，比较分析产品与竞品之间的优势、劣势，找出异同点，这样才能更了解自己、了解对方。

机会是指产品在某个领域占有绝对优势，在这一领域内具有较强的竞争机会。威胁是指在某一环境下产品发展的不利因素，如果不采取果断的战略行为，这种不利趋势将导致企业的竞争地位受到削弱。

SWOT 分析是基于调研结果的情况汇总，特别是在威胁和劣势上，调研者要做好总结，为将来的产品开发时刻提醒，以规避不必要的风险。

3. 使用波士顿矩阵分析法进行产品调研

在进行自身多个产品调研时，调研者可以使用波士顿矩阵分析法的思路，明确自身各个产品在矩阵中的位置，进行产品优化和改进。

该方法于 20 世纪 70 年代初由波士顿咨询集团（Boston Consulting Group，BCG）开发，用来进行系列产品分析。

在波士顿矩阵中，横坐标为相对市场占有率，纵坐标为市场增长率，由此可以形成 4 类产品：问题产品、明星产品、瘦狗产品和金牛产品，如图 1-4 所示。

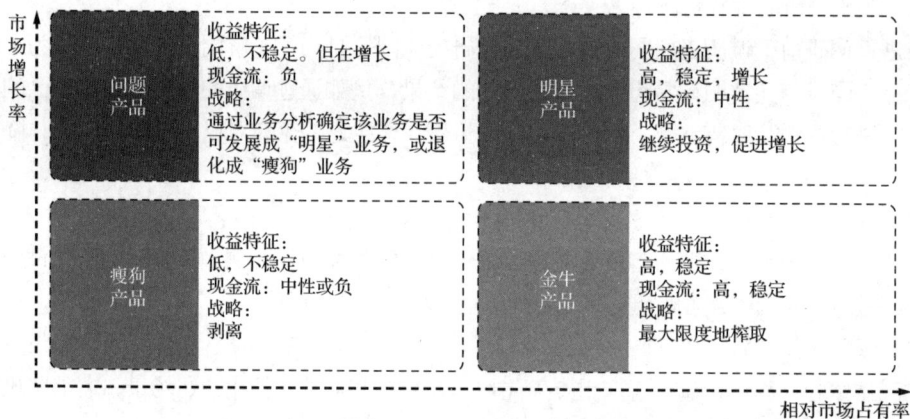

图1-4　波士顿矩阵

这 4 类产品分别对应 4 类业务，具体介绍如下。

（1）问题业务

问题业务（Question marks）指高增长、低市场份额的业务。这个领域中的产品是一些投机性产品，带有较大的风险。这些产品可能利润率很高，但占有的市场份额很小。这往往是一个企业的新业务，"问题"非常贴切地描述了企业对待这类业务的态度，因为这时企业必须慎重回答"是否继续投资和发展该业务"这个问题。只有符合企业发展长远目标、具有资源优势、能够增强企业核心竞争力的业务才会被企业支持。

（2）明星业务

明星业务（Stars）指高增长、高市场份额的业务。这个领域中的产品处于快速增长的市场中并且占有支配地位的市场份额，至于能否产生正现金流量，则取决于新工厂、设备和产品开发的投资水平。明星业务是由问题型业务继续投资发展起来的，可以视为高速成长市场中的领导者，它将成为企业未来的现金牛业务。

（3）现金牛业务

现金牛业务（Cash cows）指低增长、高市场份额的业务。这个领域中的产品会产生大量的现金，但增长前景是有限的。它是成熟市场中的领导者，也是企业现金的来源。由于市场已经成熟，企业不必投入大量资金来扩展其市场规模。同时，作为市场中的领导者，现金牛业务享有规模经济和高边际利润的优势，因而给企业带来大量现金流。企业往往用现金牛业务来支付账款并支持其他三种需要大量现金的业务。

（4）瘦狗业务

瘦狗业务（Dogs）指低增长、低市场份额的业务。这个领域中的产品既不能产生大量的现金，也不需要投入大量现金。一般情况下，这类业务常常是微利甚至亏损的，而且会占用很多企业资源，如资金、管理人员的时间等。

4．使用百度指数进行产品调研

百度指数是以百度搜索行为数据为基础的数据分析平台。借助百度指数，调研者可以研究关键词搜索趋势、洞察用户需求变化、监测媒体舆情趋势、定位用户特征等。注册百度账号以后，就可以进入百度指数首页（见图1-5），在搜索框内输入一个关键词，单击"开始探索"按钮，即可看到对应的指数数据。

微课视频

如何使用百度指数进行产品调研

图1-5 百度指数首页

百度指数的主要功能模块有：基于单个词的趋势研究（包含整体趋势、PC趋势和移动趋势）、需求图谱和人群画像；基于行业的整体趋势，地域分布、人群属性、搜索时间特征。这里主要介绍前者。

（1）趋势研究

趋势研究是指根据自定义时间段和自定义地域，查询关键词的搜索指数和资讯指数。搜索指数可按搜索来源分开查看整体趋势、PC趋势和移动趋势，资讯指数不做来源区分。

例如，登录百度指数，搜索"百雀羚"，可以得到搜索指数结果（见图1-6）和资讯指数结果（见图1-7）。从趋势研究中可以发现"百雀羚"品牌受关注的变化趋势等信息。

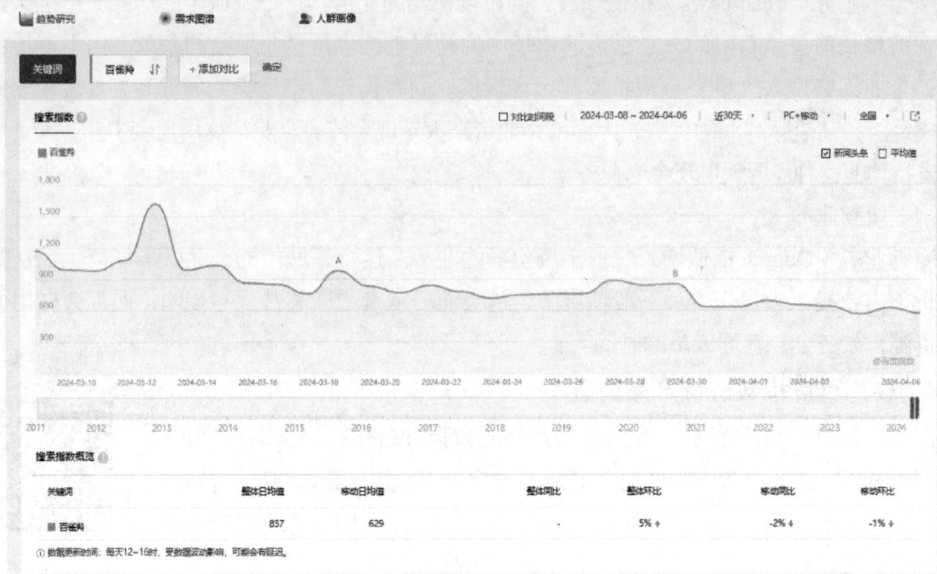

图1-6　搜索指数结果

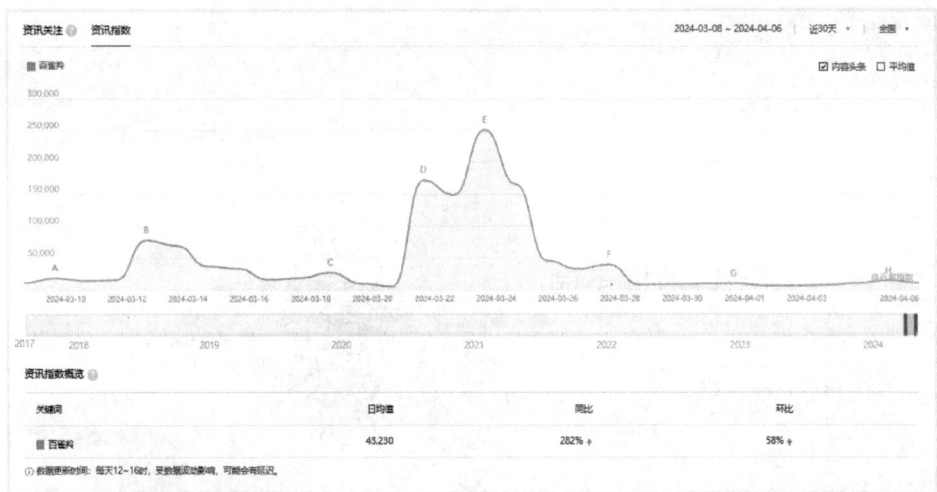

图1-7　资讯指数结果

（2）需求图谱

每一个用户在百度的检索行为都是主动意愿的展示，每一次的检索行为都可能成为该用户消费意愿的表达。百度指数的需求图谱基于语义挖掘技术，呈现关键词隐藏的关注焦点和用户消费欲望。

需求图谱提供中心词搜索需求分布信息，可以借此了解用户对信息的聚焦点和产品服务的痛点。例如"化妆"的热门需求词包括"方法""产品"等，这说明用户在搜索"化妆"前后的关注点主要集中在这些方面。

（3）人群画像

人群画像包括"地域分布""人群属性"和"兴趣分布"3个模块。

　　"地域分布"模块是关键词访问人群在各省份/区域/城市的分布，通过地域分析查询结果可以了解特定地域的用户偏好，进而有针对性地进行运营和推广。例如，搜索"百雀羚"时，人群画像的地域分布情况如图1-8所示。

图1-8　人群画像的地域分布情况

　　"人群属性"模块可以为调研者提供关键词访问人群的年龄分布、性别分布情况，如图1-9所示。

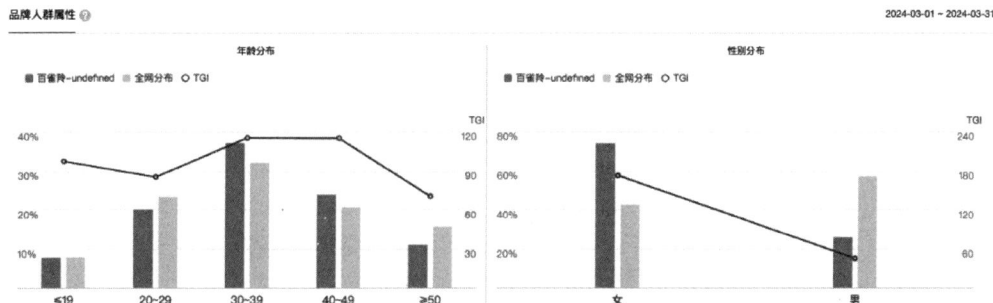

图1-9　年龄分布、性别分布情况

　　"兴趣分布"模块可以为调研者提供关键词访问人群的兴趣分布情况，如图1-10所示。

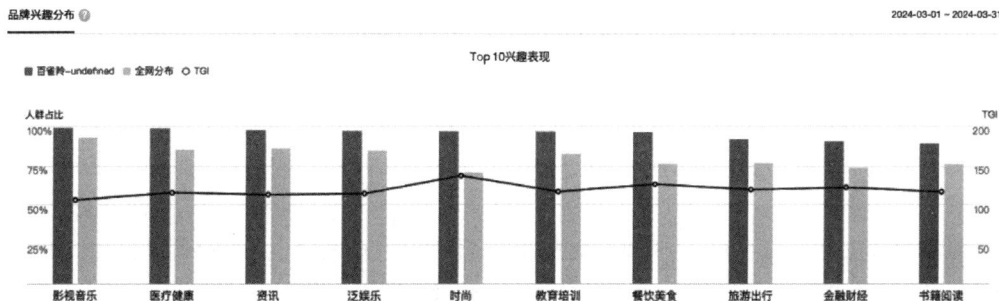

图1-10　兴趣分布情况

人群画像，以往需要调研者花费精力开展调研，而现在调研者只需要在百度指数中输入关键词，即可获得用户年龄、性别、区域、兴趣的分布特点。

5．竞品调研的流程

竞品调研是对自身产品和竞争对手产品进行比较分析的过程。调研者通过对产品的整体架构、功能、商业模式、策略等进行多维度的对比分析，从而获得目的性的结论。通过竞品调研，调研者可以明确产品定位，找到合适的细分市场，避开强大的竞争对手。例如，在产品设计阶段，调研者可以通过分析竞争对手的产品，取长补短，特别是要关注产品的功能与用户体验设计方面。竞品调研一般流程如下。

（1）明确目标

在做竞品调研前，应明确为哪一产品做竞品调研、该产品目前面临的主要问题与挑战、竞品调研的目的与目标（如决策支持、学习借鉴、市场预警）等内容。

（2）选择竞品

在新媒体推广中，调研者通过使用关键词搜索结果、市场份额数据、行业报告等方法进行竞品初选，然后从中选择3个左右的竞品进行深入分析。

（3）确定分析维度

在进行竞品调研时，可以选择两类竞品分析维度：产品维度和用户维度。产品维度包括但不限于功能、用户体验设计、团队背景、技术、市场推广、战略定位、用户情况、盈利模式、布局规划等；用户维度可以从价格、可获得性、包装、性能、易用性、生命周期成本等方面进行分析。

（4）收集竞品信息

竞品信息可以通过问卷调研、行业公开数据、用户访谈、报告等方法或渠道进行搜集。

（5）整理与分析信息

竞品信息整理和分析常用的方法如下。

① 比较法：与竞品做横向比较，深入了解竞品，并通过分析得出优势、劣势。

② 矩阵分析法：以二维矩阵的方式分析产品与竞品的定位、特色或优势。

③ 竞品跟踪矩阵：跟踪竞品的历史版本，找到竞品各版本的发展规律，以推测竞品下一步行动计划。

④ 功能拆解：把竞品分解成1级功能、2级功能、3级功能，甚至4级功能，以便更全面地了解竞品的构成，避免遗漏。

⑤ 需求探索：挖掘竞品功能所满足的深层次需求，以便找到更好的解决方案，提升产品的竞争力。

⑥ 宏观环境分析：对政治、经济、社会、技术等环境进行分析，以便找出机会、威胁。

⑦ 波特五力分析模型：对行业环境进行分析，以便找出机会、威胁。

（6）总结报告

竞品调研要为产品服务，最后要总结出对产品开发和优化有价值的竞品调研报告。竞品调研的总结要围绕竞品调研的目标去写，这样才会体现竞品调研的价值。

博古通今

君子爱财，取之有义

《论语·里仁篇》中讲道："富与贵，是人之所欲也；不以其道得之，不处也。贫与贱，是人之所恶也；不以其道得之，不去也。"意思是：名利富贵，是人正常的欲求，但是以不正当的手段得到它们，君子不享受。君子当持守"仁"，因追名逐利而背离"仁"的准则的，便不能称之为君子。按照先秦儒家的观念，如果想成为一名儒商，不管是为人处世还是经营商业，都应该严格遵守相应经济活动的道德规范和道德准则，譬如"取之有义"。

东汉时期的王符有这样一种观点，"商贾者以通货为本，以鬻奇为末。"意思是说无论是经营商业还是从事其他行业都应该以务正业，而不应该依靠歪门邪道，攫取暴利，只有这样经营才能健康可持续地发展。

古为今用

我们在进行产品调研，尤其是竞品调研时，如何遵循"取之有义"的道德准则？

三、热点调研

1. 什么是热点调研

热点是指比较受广大群众关注的新闻或主题事件，或指某时期引人注目的问题。热点调研是指在新媒体运营和推广过程中，为了增加文章或广告的影响力，查询和选择社会热点用于活动或内容输出的调研活动。在新媒体运营和推广过程中，如果能够有效地运用热点，必将取得事半功倍的效果。

微课视频

热点调研知多少

例如，某电影在国内上映后赢得了非常好的口碑，上映的第一个周末票房已经名列前茅。当这部电影的口碑、票房等各项指数都还在持续上升时，各品牌都借用这个热点，做起了自己的新媒体运营和推广活动。

想要做好新媒体运营，就必须了解一些寻找热点的方法，只有平台本身聚集了话题和热点，才能获得用户的关注。调研者可以通过营销日历、热点榜单工具、指数分析工具及社交平台工具来进行热点调研。

2. 利用营销日历查找热点

除了突发热点外，一些固定的节点、节日受关注度也很高。新媒体运营人员要能够根据重要节点、节日提前做好运营准备，可以使用营销日历进行热点查找。

（1）爱微帮

爱微帮的热点内设"每日热点""历史热点""节日大全"等选项，画面简洁，结构清晰，用户可自行选择查看，如图 1-11 所示。

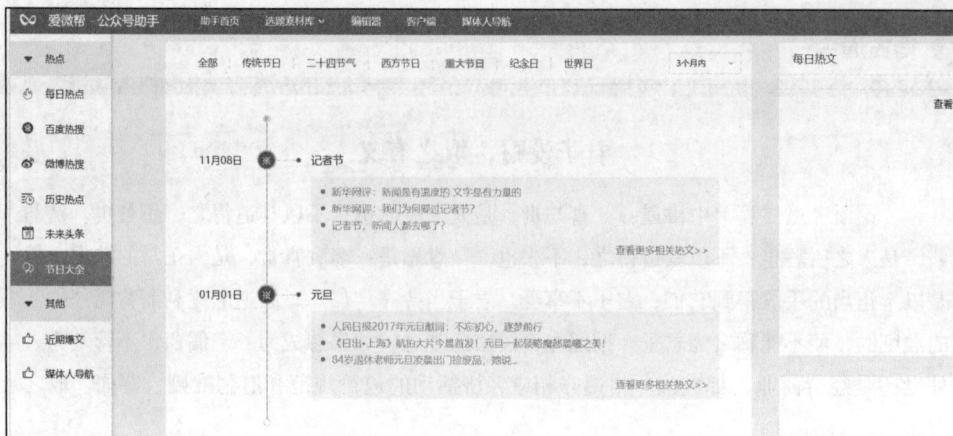

图1-11 爱微帮热点展示

（2）ADGuider

ADGuider 是一个热点营销日历工具，内置"节气""国际节日""影视上映"等 10 个标签选项，用户可以根据需求选择定制个性化日历，如图 1-12 所示。

图1-12 ADGuider热点营销日历展示

练一练

请使用上述工具，为某手机品牌零售商查询本月固定的节点、节日有哪些。

3．利用热点榜单工具查找热点

热点时时在更新，不同的热点，其价值高低也不同，人们在不同的热点上会投入不同程度的注意力。新媒体运营人员应当关注哪个热点最吸引人，哪个热点最新鲜。一些热点榜单工具可以对舆情进行实时监控，并提供热点排序功能，告诉新媒体运营人员哪个热点价值更大。

（1）百度热搜

百度热搜是以关键词为统计对象建立的各类排行榜，以榜单形式向用户呈现基于百度搜索数据的排行信息，反映用户的兴趣和需求。新媒体运营人员可以通过百度热搜，发现和挖掘有价值的信息。百度热搜首页如图1-13所示。

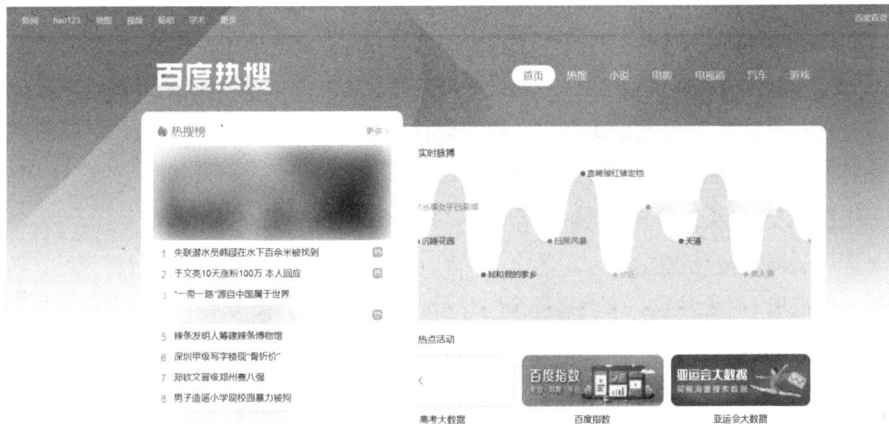

图1-13 百度热搜首页

百度热搜的数据源根据不同榜单有所区别。例如实时热点榜单按照关键词检索量的变化率自动生成，具体排名依据是关键词在24小时内的检索量相对于前24小时检索量的变化率；在"七日关注"等榜单中，搜索指数来源于用户通过百度网页搜索该关键词的检索次数，按搜索量排名。

（2）今日热榜

今日热榜是一个分类榜单工具，提供各站的精细榜单及具体数据，如微信、今日头条、百度、知乎、微博等。设置"科技"等选项，用户可以查看某一平台的具体榜单。图1-14所示为今日热榜页面。

图1-14 今日热榜页面

4．利用指数分析工具查找热点

新媒体运营人员利用百度指数、头条指数等平台也可以获取实时热点。

课前自学

（1）百度指数

百度指数提供最新动态、行业排行等信息，包括专题、公告、热点、行业等分类，可以对相关事件进行数据上的多维分析。

（2）头条指数

头条指数立足于"今日头条"的用户数据挖掘，本质上展现的是算法推荐机制下用户的行为踪迹。无论是否入驻"今日头条"，都可以通过了解头条指数，更好地把握用户的阅读偏好。头条指数提供"关键词搜索""精选报道""数据报告"等服务。

（3）爱奇艺指数

爱奇艺指数是一个视频数据分析平台。通过该平台，新媒体运营者可以了解视频热度排行等信息。对于视频类推广内容，新媒体运营者需要经常利用这样的视频指数平台来分析热门视频的一些播放趋势、用户的观看行为、观看用户的特征等内容。新媒体运营者只需要在搜索栏中输入关注的视频名称即可查看视频的指数情况，如果想要进行多视频对比，在搜索栏中输入视频名称时以分号分隔即可。

5．利用社交平台工具查找热点

（1）通过微博热搜寻找热点

微博热搜是基于社会热点、个人兴趣等内容形成的相关专题页，页面自动收录以"# 关键词 #"形式发布的相关微博。在微博热搜页面还可以单击查看不同类别下的热门话题排行榜，如热搜榜、要闻榜、文娱榜、体育榜、游戏榜、好友搜等，如图 1-15 所示。新媒体运营者可以根据自己的推广方向，找到自己关注领域的热门话题，运用微博热门话题创作内容来提高用户的关注度和阅读率。

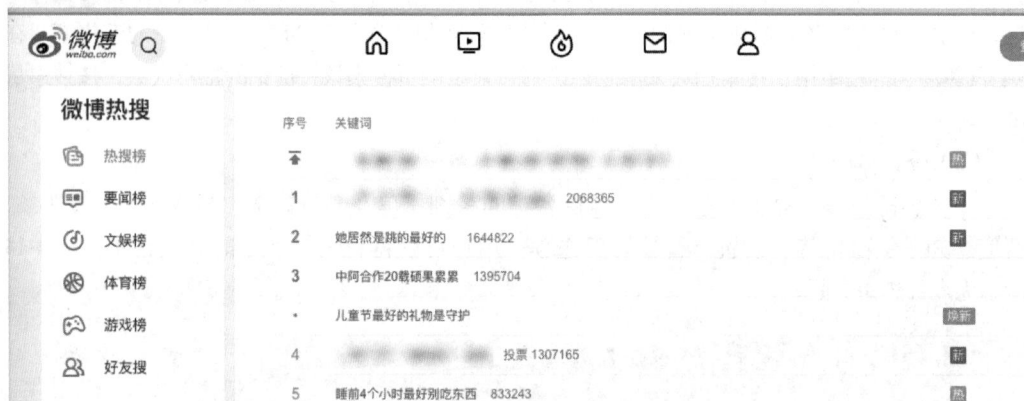

图1-15　微博热搜页面

（2）通过知乎分析讨论热点

知乎是一个网络问答社区。在这个平台上，用户可以彼此分享各自的简介、专业知识和经验等。新媒体运营者可以进入话题广场，选择与自己有关的话题，进入后就可以看到话题的热度排序。

博古通今

古代人的市场调研

——商贵三通

自商业鼻祖白圭提出"乐观时变"以来，我国商人就把市场调研看作商家谋利的首要前提，强调做生意要"熟探市价，逆料行情"，意思是多方捕捉信息，根据市场的进退盈缩，与时变化地组织营销。做市场预测，古代人一般遵循"商贵三通"的原则。

一是通季节。季节不同，需求有别。"冬至年画到，小暑卖镰刀""歉年车马铺，丰年纸陈行"，做生意就要知天文地理，晓风土人情，要根据季节变化提前组织营销。

二是通生产。对整个生产形式了如指掌，掌握供给，以利销售。"柴贵荒年到，米贵熟年来""凶年过后，必有熟穰"，依据"待乏"原则，低价购进，高价售出，赚取中间利润。

三是通市情。逆料行情变化，"市场行情，朝更夕改""早卖鲜，午卖焉，阴晴热冷变价天"，熟悉了行情涨落，价格变动，就会依照价格反弹，取得营销主动。

古为今用

根据所学，请思考现在和古代的市场调研方式有哪些异曲同工之处？现在市场调研的方法比古代有了哪些进步？

自学自测 ↓

一、单选题

1. 用户调研的第一步是（　　）。

   A. 确定调研目的　　　　　　　　B. 确定被调研者

   C. 查找信息　　　　　　　　　　D. 撰写报告

2. 借助行业报告进行用户调研是一种（　　）调研方式。

   A. 文案调研法　　　　　　　　　B. 访谈调研

   C. 实验法　　　　　　　　　　　D. 问卷调研法

3. 下面的（　　）是新媒体推广中可以使用的热点。

   A. 正向信息的热点　　　　　　　B. 引起负面情绪的热点

   C. 与品牌无关的热点　　　　　　D. 半年之前的热点

4. 属于指数类信息搜索渠道的是（　　）。

   A. 百度指数　　　　　　　　　　B. 头条指数

   C. 爱奇艺指数　　　　　　　　　D. 以上都是

5. 下面的（　　）是可以查找网络热点的社交平台工具。

   A. 爱奇艺指数　　　　　　　　　B. 知乎

   C. 网易　　　　　　　　　　　　D. 百度指数

二、多选题

1. 用户调研的目的有（　　　）。

   A. 寻找用户需求 　　　　　　　　　　B. 进行用户洞察

   C. 接收用户建议 　　　　　　　　　　D. 剔除不忠诚用户

2. 百度指数可以用来（　　　）。

   A. 了解用户搜索兴趣 　　　　　　　　B. 进行自身产品搜索趋势调研

   C. 查找热点 　　　　　　　　　　　　D. 进行竞品搜索趋势调研

3. 下面的（　　　）工具可以用来查找社会热点。

   A. 百度热搜 　　　　　　　　　　　　B. 今日热榜

   C. 爱奇艺风云榜 　　　　　　　　　　D. 营销日历工具

4. 产品调研的流程为（　　　）。

   A. 明确调研的背景和目的 　　　　　　B. 选定目标产品

   C. 深入体验产品 　　　　　　　　　　D. 分析产品和撰写产品分析报告

5. SWOT 分析法分析内容有（　　　）。

   A. 优势（Strengths） 　　　　　　　　B. 劣势（Weaknesses）

   C. 机会（Opportunityies） 　　　　　　D. 威胁（Threats）

三、判断题

1. 在进行用户调研时，只允许使用问卷调研和访谈调研。（　　　）

2. 行业报告信息只能从网站上进行搜集。（　　　）

3. 网络问卷不需要考虑被调查者隐私问题。（　　　）

4. 给用户打标签就是用户画像。（　　　）

5. 只要是社会热点，都可以应用于新媒体营销推广。（　　　）

四、简答题

1. 用户调研的步骤有哪些？

2. 竞品调研的流程是什么？

3. 新媒体推广中使用热点需要注意哪些事项？

课中实训

实训准备 ↓

◢ 实训目标

本次实训为网络调研实训，通过进行用户调研、产品调研、热点调研等系列实训任务，学生能够熟练掌握新媒体推广网络调研的相关流程和方法。建议以小组为单位共同完成一次完整的网络调研活动并撰写调研报告。

◢ 实训项目

本次实训有两个项目，学生可从中二选一，可以选择书中提供的 A 化妆品生物科技有限公司（以下简称"A 企业"）实训项目，也可以依托其他企业项目，或学生、教师的创业项目。

项目一：学生依托 A 企业的真实项目，为企业某产品 / 品牌进行网络调研，并给出新媒体运营推广建议。

项目二：学生自选 ××× 产品 / 品牌，为企业进行网络调研，并撰写调研报告，给出新媒体运营推广建议。

◢ 实训步骤

（1）完成知识拓展、他山之石内容的学习，结合课前自学，整合与网络调研相关的知识。

（2）本次实训拆解为 3 个部分，包含 10 项实训任务，请依次完成实训任务。

（3）实训过程中可采用线上线下混合学习的方式，学生以小组为单位协同合作，运用一些新媒体调研工具或平台辅助网络调研，通过头脑风暴集思广益，共同完成实训任务。

（4）请将每项任务的实训成果整理到相关表格（表格可以另外附页）或以思维导图形式呈现。

◢ 实训资料

A 企业是一家以生物技术开发为主导，集原料开发、产品研发、生产销售为一体的现代化企业，聚焦于新时代用户对美好生活的向往，专注身体护理产品的开发。

2010 年，A 企业诞生于山东济南。作为一家自然主义护肤品牌，A 企业始终专注天然原料的开发与研究，研发了磨砂膏、身体乳、玫瑰纯露、手足膜、皂、冻干粉等一系列明星产品，成为身体护理领域的新锐品牌。十多年来，A 企业始终坚持高品质的自有原料种植和不断测试与升级的研发配方，终于赢得了用户的青睐。目前已经收获的上千万年轻女性粉丝和数百万微淘粉丝，显示出"花粉儿"们对 A 企业产品的高度认可。

作为一家用户导向型企业，A 企业从原料开发、产品研发到生产销售，从内部流程到员工价值导向，始终秉持以用户为中心的理念，以满足用户需求为奋斗目标。未来，A 企业将继续在企业使命的驱动下，建设以用户为中心的流程体系，努力实现更加精准的用户服务和更加高效的价值创造，坚守"让普通人也能用上更高品质、更健康的护肤品"的企业使命。

在新媒体推广方面，A企业深谙互联网运营之道，新媒体矩阵布局初显成效。

A企业发展历程如下。

2010年，A企业品牌诞生。

2011年，A企业成立千叶玫瑰原料基地，实现主要原材料——格拉斯玫瑰的自主种植。

2012年，"玫瑰嫩滑保湿手足膜"上市，开启手足护理品牌定位。

2013年，A企业斥资千万元建设50亩制药标准生产工厂，实现产品自主生产，业绩创造33倍增速。

2014年，A企业升级自有研发室，与法国、日本、韩国等国家建立研发技术合作，实现配方优化升级。

2015年，A企业创新提升企业管理模式，完成基本管理架构搭建。

2016年，海藻面膜占据淘宝网40%面膜市场份额，荣获全网"面膜十强品牌"称号。

2017年，A企业加强信息系统建设，实现物流独立核算，实现444万名用户积累。

2018年，A企业成立上海、广州分公司，开创彩妆品牌；同年4月，A企业海藻面膜、手膜、乳木果身体磨砂膏淘宝市场占有率名列前茅，占据市场领先位置；A企业美妆旗舰店荣获京东平台京美奖"年度增速最快店铺"称号。

2019年，A企业荣获"天猫6·18亿元俱乐部品牌"称号，产品销量在"6·18"大促期间位居天猫身体护理品牌销量榜首；随后荣获"天猫双十一亿元俱乐部品牌"称号，产品销量位居天猫身体护理品牌销量榜首。

2020年，A企业成立杭州分公司，公司花园——"半园"建成。

2021年，A企业的广州实验室全新升级，济南原料工厂投入使用，同年发起"百万棵树"沙漠植树公益计划，累计种植8万棵树。

2023年，"6·18"期间，倍润身体乳、身体磨砂膏均位于品类热卖榜前列。

实训一 用户调研

任务1 搜集行业报告了解用户特征

任务描述：A企业用户群体之一是"00后"大学生群体。请利用互联网工具查询行业报告网站，分析概括"00后"大学生群体的特征，并填写表1-1和表1-2，也可以根据实际情况自行选择其他企业进行查询和分析。

表1-1 "00后"大学生群体行业报告分析表

报告下载平台	报告标题	报告中关于"00后"大学生群体的特征描述

表 1-2　"00 后"大学生群体人群特征汇总

"00 后"大学生群体人群特征汇总
请列举：

课中实训

知识拓展

分析研究报告常用查询途径

1. 国内部分咨询机构网站

① 艾瑞网

② 中文互联网数据资讯网

③ 中国互联网络信息中心

④ 移动观象台（TalkingData 推出）

⑤ 全球新经济行业数据分析报告发布平台（艾媒网）

⑥ 爱应用

⑦ 国金证券

⑧ 中金研究院

⑨ 洞见研报

⑩ 比达网

⑪ 万方数据知识服务平台

⑫ 七麦数据

2. 部分国家机构官方网站

① 中国信息通信研究院

② 中国城市轨道交通协会

③ 国家统计局

3. 国内部分互联网公司

① 腾讯课堂

② 腾讯大数据（公众号）

③ 百度数据开放平台

④ 阿里研究院

⑤ 企鹅智库

⑥ UED 用户体验网

法治护航

《中华人民共和国个人信息保护法》十大突出亮点

2021年8月20日，《中华人民共和国个人信息保护法》（以下简称《个人信息保护法》）正式通过，并于2021年11月1日起正式施行。个人信息保护法坚持和贯彻以人民为中心的法治理念，牢牢把握保护人民群众个人信息权益的立法定位，聚焦个人信息保护领域的突出问题和人民群众的重大关切。在有关法律的基础上，该法进一步细化、完善个人信息保护应遵循的原则和个人信息处理规则，明确个人信息处理活动中的权利义务边界，健全个人信息保护工作体制机制。亮点一：确立个人信息保护原则；亮点二：规范处理活动保障权益；亮点三：禁止"大数据杀熟"规范自动化决策；亮点四：严格保护敏感个人信息；亮点五：规范国家机关处理活动；亮点六：赋予个人充分权利；亮点七：强化个人信息处理者义务；亮点八：赋予大型网络平台特别义务；亮点九：规范个人信息跨境流动；亮点十：健全个人信息保护工作机制。

职场思考

请在网上查找《个人信息保护法》全文进行自学，并思考在进行调研时应注意哪些事项。

任务2　设计用户调研问卷

任务描述：请为企业设计一份关于用户身体乳使用习惯的调研问卷，便于企业进行下一步的新品研发和产品市场推广。首先在每一种问题类型中设计2～3个问卷问题并填入表1-3；再将完善的调研问卷填入表1-4。

学生也可以根据实际情况，自行选择为其他企业设计用户调研问卷。

课中实训

表1-3　问卷问题设计

问题类型	问卷问题设计
自由问答题	
两项选择题	
多项选择题	
顺位式问答题	

课中实训

知识拓展

问卷问题的类型和措辞

　　问卷问题的类型归结起来分为4种：自由问答题、两项选择题、多项选择题和顺位式问答题。

　　自由问答题也称开放型问答题，只提问题，不给出具体答案，要求被调查者根据自身实际情况作答。自由问答题的主要优点是被调查者的观点不受限制，便于深入了解被调查者的建设性意见、态度、需求问题等；主要缺点是难于编码和统计。两项选择题是多项选择题的一个特例，一般只设置两个选项，如"是"与"否"、"有"与"没有"等。两项选择题的特点是简单明了，缺点是所获信息量太小，两种极端的回答类型有时难以了解和分析被调查者群体中客观存在的不同态度层次。多项选择题是从多个备选答案中择一或择几，这是各种调查问卷中采用最多的一种问题类型。多项选择题的优点是便于回答，便于编码和统计；缺点主要是问题提供答案的排列次序可能引起偏见。顺位式问答题又称序列式问答题，是在多项选择的基础上，要求被调查者对询问的问题答案，按自己认为的重要程度和喜欢程度顺位排列。

　　在进行措辞时应注意以下事项。

　　（1）避免使用专业术语和"行话"，问卷中的词语应该易于理解。

　　（2）避免模糊或不精确的表述。

　　（3）具体定义问题中提到的事和物。

　　（4）避免复杂的句子，确保问题简单明了。

　　（5）给被调查者提供参考时，确保所有被调查者都在回答有关同一时间和地点的问题。

　　（6）避免双管问题，也就是说一个问题只衡量一件事情。

　　（7）答案选项应该包含所有的可能性，如果被调查者对某个问题可能有多个回复，那么这个问题最好允许多选；如果所提供的答案类别无法包含所有选项，可以附加"其他"选项。

　　（8）避免使用引导性、有情感偏向的语言。

表1-4 调研问卷填写表

问卷结构	内容
标题	
问卷说明	
正文	
结束语	

知识拓展

网络问卷调研技巧

利用互联网进行用户问卷调研时，应尽可能提高在线调研结果的质量，下面列出的8个方面需要给予足够重视。

1. 认真设计在线调研表

在线调研表应该主题明确、简洁明了，问题便于被调研者正确理解和回答。同时，调研表也应该方便调研人员的工作，便于调研结果的处理。

2. 吸引尽可能多的人参与调研

参与者的数量对调研结果的可信度至关重要，问卷设计内容中要体现出"你的意见对我们很重要"，让被调研者感觉到填写调研表就好像帮助自己或所关心的人，这样往往有助于提高问卷回收率。当然，在线调研与适当的激励措施相结合也会有明显的作用，必要时还应该和访问量大的网站合作以增加参与者数量。

3. 尽量减少无效问卷

除了问题易于回答外，大部分在线调研会在问卷提交时利用计算机程序给予检查，并提醒被调研者对遗漏的项目或明显超出正常范围的内容进行完善，以避免产生无效问卷。

4. 公布保护个人信息声明

用户对个人信息都有不同程度的自我保护意识，调研者应让用户了解调研目的，并确信个人信息不会被公开或者用于其他任何场合。

5. 避免滥用市场调研功能

市场调研信息应向用户透露企业的某些动向，但如果以市场调研为名义收集用户个人信息，开展数据库营销或个性化营销，不仅将严重损害企业在用户（至少是被调研者）之间的声誉，还将损害合法的市场调研。

6. 样本分布不均衡的影响

在线调研结果不仅受样本数量少的影响，样本分布不均衡同样可能造成调研结果误差大。样本分布不均衡表现在用户的年龄、职业、教育程度、地理分布及不同网站的特定用户群体等方面。因此，在样本数量不多的情况下进行市场调研，要对网站用户结构有充分的了解。

7. 奖项设置合理

为了刺激参与者的积极性或补偿被调研者，问卷调研机构一般都会提供一定的奖励措施，有些用户参与调研的目的可能是获取奖品，甚至可能用作弊的手段来增加中奖的机会，合理设置奖项有助于减少不真实的问卷。

8. 采用多种网上调研手段相结合

在网站上设置在线调研问卷是最基本的调研方式，但并不局限于这种方式，常用的网上调研手段还有电子邮件调查、对访问者的随机抽样调查、固定样本调查等。根据调研目的和预算采取多种网上调研手段相结合，以最小的投入取得尽可能多的有价值的信息。

任务3　收集信息构建用户画像

任务描述：请你根据收集的网络问卷调研结果、行业报告信息等为 A 企业用户群体之一"00后"大学生（或某企业的某一用户群体）构建用户画像，将调研结果整理成文字描述，并填写表 1-5。

表 1-5　用户群体定量统计分析用户画像

用户特征变量	用户画像
网络行为习惯	
购物网站偏好	
消费习惯	

⚖️ **法治护航**

个人信息泄露与《中华人民共和国数据安全法》

你是否遇到过以下信息泄露的情况呢？

（1）垃圾短信、骚扰电话、垃圾邮件等源源不断地向你飞来。

（2）信用卡被盗刷、账户钱款不翼而飞。

（3）犯罪案件"从天而降"。

（4）不法分子利用个人信息对你的亲朋好友进行诈骗。

（5）不法分子冒充亲朋好友、同学、公安机关，对你坑蒙拐骗。

为了规范数据处理活动，保障数据安全，国家制定了《中华人民共和国数据安全法》（以下简称《数据安全法》）。这部法律作为我国关于数据安全的首部律法，于2021年9月1日

课中实训

起正式施行。《数据安全法》明确数据安全主管机构的监管职责，建立健全数据安全协同治理体系，提高数据安全保障能力，促进数据出境安全和自由流动，促进数据开发利用，保护个人、组织的合法权益，维护国家主权、安全和发展利益，让数据安全有法可依、有章可循，为数字化经济的安全健康发展提供了有力支撑。

职场思考

1. 请回忆你是否遭受过信息泄露？如何避免数据泄露带来的危害？

2. 请下载阅读《数据安全法》并思考讨论，在进行新媒体调研用户数据采集时应注意哪些事项？

课中实训

👤 知识拓展

如何制作用户标签

提炼用户标签可以用下面这个公式来描述：

用户标签＝用户固定属性＋用户路径＋用户场景

其中，用户固定属性是指用户的基本特征，这些特征在短时间内一般不会发生变化，包括用户年龄、职业、学历等。用户路径是指用户的互联网浏览偏好，包括打开频率较高的聊天软件、常用的搜索网站、喜好的购物平台等。用户场景是指用户在某特定场合或特定时间的动作，如在早上起床、上下班路上、晚上睡前等场景内，如何学习、如何娱乐等。

研究用户固定属性、用户路径及用户场景后，提炼出关键词，就能形成一套完整的用户标签。不过，用户标签只是用户画像的中间过程，呈现的只是用户画像的基本轮廓，而不是最终的画像结果。新媒体运营者需要在用户标签的基础上进行画像描述，以呈现出完整的用户特征。

描述用户画像看起来只是一个"写作文"或"写剧本"的过程，按照标签进行文字延展，但是在具体描述时，需要做到完整化、细节化。完整化是对用户行为全过程完整表述，不能人为地跳过步骤；细节化是对用户场景的具体描述，不能一笔带过。

🪨 他山之石

微博美妆护肤六大人群

DT 研究院发布了《2023 年微博美妆用户趋势观察手册》，其中关于美妆护肤产品需求用户介绍的"群体画像"部分，围绕着"如何选择品牌"和"是否做攻略"两个问题，报告总结出微博美妆护肤产品的 6 类差异化用户群体，如图 1-16 所示。超 7 成人有做攻略的习惯，说明微博妆护消费者普遍具有"理性"特征，他们审慎消费，降低盲目购买护肤品带来的皮肤负担和金钱成本。同时，他们不唯大牌论，愿意购买质量不错、能提供良好体验的新品牌。6 类用户群体画像详见图 1-17 和图 1-18。

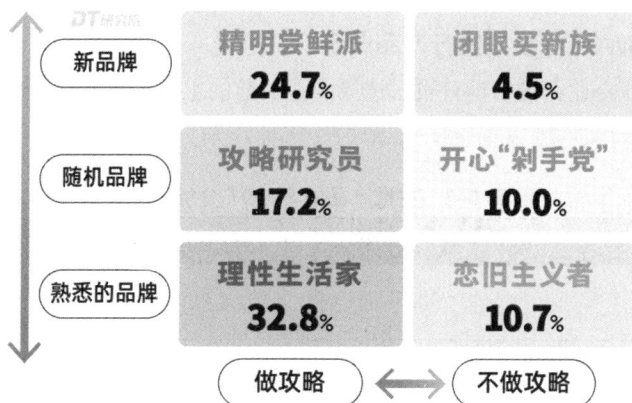

问题1: 在购买护肤品时, 你一般会如何选择品牌? 问题2: 购买美妆护肤品产品前, 你会做攻略吗?

图1-16 6类差异化用户群体

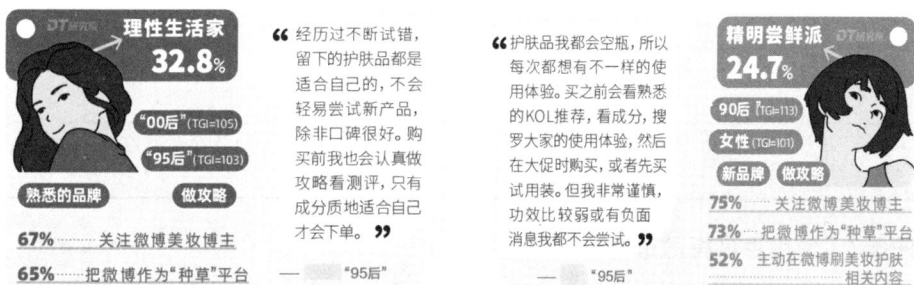

理性生活家 32.8%
"00后"(TGI=105)
"95后"(TGI=103)
熟悉的品牌   做攻略
67%——关注微博美妆博主
65%——把微博作为"种草"平台

" 经历过不断试错, 留下的护肤品都是适合自己的, 不会轻易尝试新产品, 除非口碑很好。购买前我也会认真做攻略看测评, 只有成分质地适合自己才会下单。"
— "95后"

" 护肤品我都会空瓶, 所以每次都想有不一样的使用体验。买之前会看熟悉的KOL推荐, 看成分, 搜罗大家的使用体验, 然后在大促时购买, 或者先买试用装。但我非常谨慎, 功效比较弱有负面消息我都不会尝试。"
— "95后"

精明尝鲜派 24.7%
90后"(TGI=113)
女性(TGI=101)
新品牌   做攻略
75%——关注微博美妆博主
73%——把微博作为"种草"平台
52%——主动在微博刷美妆护肤相关内容

图1-17 "理想生活家"和"精明尝鲜派"用户群体画像

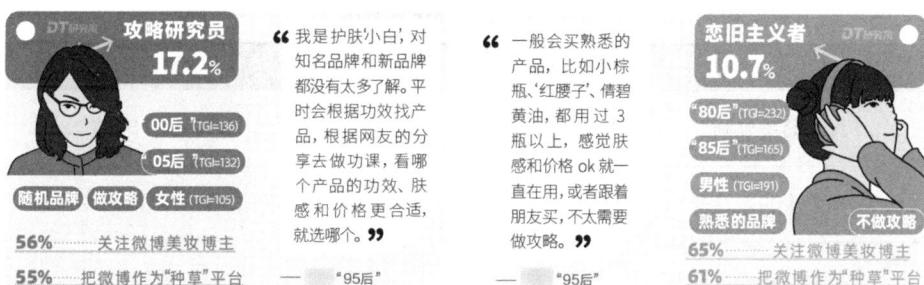

攻略研究员 17.2%
00后"(TGI=136)
05后"(TGI=132)
随机品牌 做攻略 女性(TGI=105)
56%——关注微博美妆博主
55%——把微博作为"种草"平台

" 我是护肤小白, 对知名品牌和新品牌都没有太多了解。平时会根据功效找产品, 根据网友的分享去做功课, 看哪个产品的功效、肤感和价格更合适, 就选哪个。"
— "95后"

" 一般会买熟悉的产品, 比如小棕瓶、'红腰子'、倩碧黄油, 都用过3瓶以上, 感觉肤感和价格ok就一直在用, 或者跟着朋友买, 不太需要做攻略。"
— "95后"

恋旧主义者 10.7%
"80后"(TGI=232)
"85后"(TGI=165)
男性(TGI=191)
熟悉的品牌   不做攻略
65%——关注微博美妆博主
61%——把微博作为"种草"平台

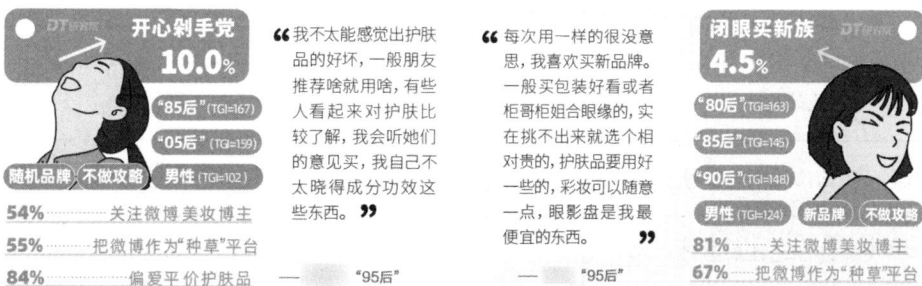

开心剁手党 10.0%
"85后"(TGI=167)
"05后"(TGI=159)
随机品牌 不做攻略 男性(TGI=102)
54%——关注微博美妆博主
55%——把微博作为"种草"平台
84%——偏爱平价护肤品

" 我不太能感觉出护肤品的好坏, 一般朋友推荐啥就用啥, 有些人看起来对护肤比较了解, 我会听她们的意见买, 我自己不太晓得成分功效这些东西。"
— "95后"

" 每次用一样的很没意思, 我喜欢买新品牌。一般买包装好看或者柜哥柜姐合眼缘的, 实在挑不出来就选个相对贵的, 护肤品要用好一些的, 彩妆可以随意一点, 眼影盘是我最便宜的东西。"
— "95后"

闭眼买新族 4.5%
"80后"(TGI=163)
"85后"(TGI=145)
"90后"(TGI=148)
男性(TGI=124) 新品牌 不做攻略
81%——关注微博美妆博主
67%——把微博作为"种草"平台

图1-18 其他4类用户群体画像

实训二　产品调研

任务1　使用SWOT分析法进行产品调研

任务描述：打开企业天猫店铺首页，选择企业目前的主推产品进行 SWOT 分析，并填写表 1-6。

表 1–6　主推产品的 SWOT 分析表

内容	分析
产品名称	
产品价格	
优势	
劣势	
机会	
威胁	

任务2　使用百度指数进行产品调研

任务描述：请根据任务 1，研究主推产品名称，选择关键词，如"身体乳"等，在百度指数中进行关键词指数搜索，将搜索结果整理成文字描述，进行产品调研分析，并填写表 1-7。

表 1–7　产品调研结果表

内容	结果文字描述
搜索的关键词	
全部搜索指数趋势	
近一年的资讯指数趋势	
需求图谱关键词列举	
地域分布	
人群属性之年龄画像	
人群属性之性别画像	
兴趣分布画像	

课中实训

📖 **知识拓展**

百度指数的高阶使用技巧

百度指数除了对单个关键词进行分析外，还支持多个关键词的分析。

1. 比较检索

比较检索是指在多个关键词中，利用逗号将不同的关键词隔开，可以实现关键词数据的比较查询。例如，如果要对几个共享单车竞品进行对比分析，可以检索"美团单车，哈啰"。百度指数最多支持5个关键词的比较检索。

2. 累加检索

累加检索是指在多个关键词中，利用加号将不同的关键词相连接，可以实现不同关键词数据相加，相加后的汇总数据作为一个组合关键词展现出来。例如，要全面覆盖与哈啰相关的关键词数据，可以检索"哈啰＋哈啰共享单车"等。百度指数最多支持3个关键词的累加检索。

3. 组合检索

组合检索可以将比较检索和累加检索组合使用，例如"美团单车、哈啰＋哈啰共享单车"等。

4. 地域检索

地域检索是指每一组关键词都可以通过地区筛选不同省份的关键词搜索数据。百度指数最多支持5个地区对比检索。

课中实训

任务3　竞品调研分析

任务描述：请打开企业的微信公众号，查看近期公众号推广的产品，为近期的主推产品寻找1个竞品，并在产品包装、产品价格、产品特色等方面进行竞品分析，填写表1-8。

表1-8　竞品分析表

分析维度	自身产品	竞品
产品名称		
产品包装		
产品价格		
产品特色		
品牌背景		
近3个月销量		
用户评价总结		

┌───┐
　　　　他山之石

竞品分析：网易云音乐和 QQ 音乐

1. 用户对比

网易云音乐的女性用户比例大于男性用户比例，可见网易云音乐更受女性用户青睐。网易云音乐相比 QQ 音乐能够给人更容易亲近的感觉，其中的评论时常打动人心，更偏向女性天生的感性思维；QQ 音乐则给人简单但逻辑性较强的感觉，更偏向实用性，因此男性更偏向使用 QQ 音乐。

2. 运营策略对比

网易云音乐以歌单为线索引导用户交互分享，通过算法推荐将歌单推广给更多的用户，拥有高质量评论、明星效应；QQ 音乐的主要运营策略为海量正版曲库、多分类智能推荐和互动型音乐社交。

3. 盈利模式对比

网易云音乐的盈利模式主要集中在广告宣传、会员付费、积分商城等方面；QQ 音乐的盈利模式主要集中在广告宣传、会员付费、数字专辑等方面。
└───┘

实训三　热点调研

任务1　利用营销日历查找热点

任务描述：请你使用爱微帮或其他营销日历工具，梳理主推产品（如护肤品）相关的 5 个热点，并将选择原因记录在表 1-9 中。

表 1-9　营销日历热点查找列表

热点名称	日期	选择原因

任务2　利用热点榜单工具查找热点

任务描述：请你查询百度热搜不同板块，梳理与企业某主推产品（如护肤品）相关的 5 个不同热点类型并将选择原因记录下来，填写表 1-10。

表 1-10　百度热搜热点查找列表

热点板块	热点	选择原因
热搜榜		
实时脉搏		

续表

热点板块	热点	选择原因
热点活动		
各大榜单		

👤 知识拓展

几个常用热点榜单工具

除百度热搜和今日热榜外，新媒体运营者还可以使用以下几种工具进行热点的查询和研究。

1. 新榜

新榜已为大部分媒体人所熟知，它是行业内认可度较高的榜单工具。它向众多企业和机构提供相关的数据业务服务。新榜提供的功能大致可以分为免费功能和付费功能两类。

免费功能主要是提供各平台（如微信、微博、抖音等）、各分类（如民生、百科、美食）的榜单，还可以查看单个微信公众号的数据（如微信公众号的7天热门文章）。此外，新榜具有显示趋势的功能，用户通过输入关键词可以查看相关趋势。它也可以提供"号内搜"服务，方便精细查找。就周期来说，新榜提供日榜、周榜、月榜。另外，用户还可以收藏自己关注的微信公众号。

付费功能主要涵盖数据服务、运营增长、内容营销、版权分发等方面。数据服务包括"公众号回采"（用于查看历史数据）"分钟级监测""粉丝对比"等功能，运营增长包括"公号涨粉""有容小程序"等功能。

2. 清博智能

对于微博，清博智能提供日榜和周榜，用户可以选择日期查看当日榜单；对于微信，用户除了可以查看某个公众号近7天的阅读趋势，还可以查看该公众号30天内排名靠前的10篇文章。除微博、微信外，清博智能还提供梨视频、哔哩哔哩、QQ、西瓜视频等平台的榜单，提供舆情报告、数据报告、热点订阅等服务。

3. 知微舆论场

知微舆论场是知微数据旗下的一款热搜榜单查询工具，有微博、知乎、抖音、哔哩哔哩等7个平台的榜单。知微舆论场通过"平台榜单—热点分析—预警检测—热搜报告"服务，打造热点知识补给站，可以帮助用户快速锁定全网最新热点。此外，其独创的"热议词"功能，能呈现当前舆论场中讨论最多、最热的词，并通过热议词图谱清晰、直观地展示相关的热搜信息。

任务3 利用指数分析工具查找热点

任务描述：请结合企业需求，使用百度指数查找近期5个热点事件，并填写表1-11。

课中实训

表1-11　百度指数热点查找列表

热点事件名称	选择原因

👤 **知识拓展**

两种常用指数工具

除百度指数外，新媒体运营者还可以使用以下两种工具进行热点的查询和研究。

1. 艾瑞数据

艾瑞数据覆盖的数据范围较广，有移动 App 指数、网络影视指数等 7 个一级分类，一级分类下又设置详细的细分领域。用户可以直接搜索关键词，也可以选择标签查看排行榜，排行榜中提供"月度覆盖人数""环比增幅"等数据，点开"详情"后，用户可以获知年度各月覆盖人数趋势、使用人群画像、使用区域占比等信息。

2. 微信指数

微信指数是一款手机小程序，用微信就可以查看。微信指数代表某一个词在微信中出现的频率，用户只需要输入关键词就可以获知该词的微信指数和环比变化幅度。关于周期，用户可以选择 24 小时、7 日、30 日、90 日。用户还可以添加对比词（最多可添加 4 个），更直观地对比几个词的微信指数。

任务4　利用社交平台工具查找热点

任务描述：请你通过微博热搜、知乎等社交平台工具，分别寻找 3 个近期热点并填写表1-12。

表1-12　社交平台热点查找列表

热点来源	热点
微博热搜 1	
微博热搜 2	
微博热搜 3	
知乎 1	
知乎 2	

续表

热点来源	热点
知乎 3	

⚖ **法治护航**

"蹭热点"要合理合法

社会热点出现后，新媒体运营者应判断是否立刻采取动作跟进。在判断时，要依据以下热点应用准则。

1. 应选择正向热点

要选择内容积极向上的热点。

2. 应与品牌相关联

例如，"蹭"高考热点的时候，腕表行业中能在高考营销战中崭露头角的品牌"瑞士拜戈"，其海报主体用文字填充出一只表，文案中反复使用网络用语"表"（不要），把考前高考生需要注意的事情进行罗列和善意提醒，既表现出创意，又和产品形成关联。如果找不到关联处，不要凑数使用热点。

3. 应合理合法

很多品牌在"蹭"知名艺人热点的时候会直接使用知名艺人的肖像，这种做法是侵权的；清明节、端午节这些节日热点，盲目去"蹭"也不合理。

4. 应注意语言歧义

网络用户形形色色，需要格外注意。因为语言产生歧义，有可能导致一场品牌灾难。

5. 应卡住关键时间节点

一般的热点如果不能在6小时内关联成功、12小时内完成全案传播，就没有必要做了。当然，虽说互联网"唯快不破"，但也不能因为快而降低品质。

课中实训

技能训练成效评价 ↓

素质提升测试

序号	素质目标	评价要点	评价结果
1	具备信息素养	能够使用两个以上大数据平台搜集信息	☆ ☆ ☆ ☆ ☆
2	具备数据思维	能使用两种以上数据分析工具进行新媒体调研分析	☆ ☆ ☆ ☆ ☆
3	具备实事求是的价值观和求真务实的工作态度	至少90%的数据采集来源是官方统计、权威报告等可靠渠道	☆ ☆ ☆ ☆ ☆

能力达成测试

序号	能力目标	评价要点	评价结果
1	能够根据企业需求进行用户调研	能运用两种及以上调研方法进行用户调研	☆ ☆ ☆ ☆ ☆
2	能够使用行业报告等进行用户调研	能基于特定用户调研主题下载3份以上行业报告	☆ ☆ ☆ ☆ ☆
3	能够设计用户调研问卷	能设计一份用户调研问卷，包含10道及以上题目	☆ ☆ ☆ ☆ ☆
4	能够根据企业需求进行竞品调研	能查找两个以上竞品进行产品调研	☆ ☆ ☆ ☆ ☆
5	能够根据企业需求进行热点调研	能查找5个以上热点用于新媒体热点应用	☆ ☆ ☆ ☆ ☆

课中实训

学习总结

　　通过本项目学习，我掌握了 _____ 知识/方法，锻炼了 _____ 技能，和小组同学一起完成了 _____ 任务。

　　本项目学习过程中，我最大的收获是 _____ ；最大的提升是 _____ ；还需要继续努力的方面有 _____ 。

课后提升

案例一　用户画像构建与应用

在新媒体推广业务中，如何优化产品、提升服务都是重要的事。其中的关键一项，就是理解用户。随着大数据技术的发展，聚焦于产品、服务的效率和质量的精准营销、广告投放、个性服务、风险控制、体验优化、商业分析等逐渐展开，作为基础的"用户画像"也应运而生。构建用户画像，通常需要大量的数据、时间、人力，是一件高成本、长期投入的事，但大部分互联网企业仍然希望能做一份全面、精准的用户画像。那么用户画像有哪些应用呢？这里简要介绍几项。

（1）精准营销：将用户分群，通过邮件、短信、App 进行消息推送，在相同的成本下，有更好的营销效果。

（2）广告投放：基于一系列与用户属性、行为相关的标签，对目标用户进行广告投放。

（3）个性服务：用户画像、行为分析是高转化个性推荐、搜索的极重要的数据基础。在细化场景中，把特定用户与意图分析相结合，精细提高转化率的过程中，可以根据人群标签进行有针对性的排序。

（4）风险控制：通过用户的常用设备、行为习惯、消费偏好、是否有危险伙伴往来、常驻地等用户标签，进行信用判断，控制风险。

（5）体验优化：对产品的受众进行分析，理解用户的心理动机和行为习惯，优化产品、服务质量，甚至做到产品、服务的私人定制等。

（6）商业分析：通过用户画像，进行行业趋势分析、竞品分析、网络规划等，发现商机，进行商业决策。

用户画像的业务应用较多。通过用户画像的属性、兴趣爱好、行为偏好等标签的应用，可以起到优化产品、提升服务、增加企业利润的作用。在实际操作中，用户画像容易沦为形式主义，最后可能只出了一份用户画像的报告，包含性别、年龄、兴趣爱好、地理足迹、消费金额，但对实际业务没有效果。那么，如何做好用户画像呢？

（1）业务驱动。构建用户画像的目标是理解用户，促进业务发展。所以构建用户画像的核心是和业务紧密关联，运营者需要和业务部门沟通需求，然后进行标签建模。首先业务部门需要有清晰的业务模型、目标。然后运营者了解业务的来龙去脉，包括行业特点、业务场景、业务形态、业务需求、用户的消费逻辑等，充分考虑了业务需求后，开始构建用户画像。好的用户画像既是数据生态体系，又是业务和运营的生态体系，这是一个复杂的交叉领域。而在考虑业务的需求时，运营者也需要从更高维度来考虑需求的背景意义、综合成本、开发周期、业务解耦、投入产出比等。

（2）注重用户画像的核心价值。做好用户画像，还要深入思考。不能想当然地做一个全面精准的体系，却忽略了用户画像的核心价值。用户画像是商业目标下的用户标签集合。一开始就猜测用户的性别、籍贯、常住地、收入、喜好、消费习惯是没有意义的。性别如何影响消费决策，收入多少影响消费能力，消费购物怎么精准推荐，用户决定买什么、不买什么的原因和逻辑，这些才是用户画像的核心价值。不是有了用户画像，便能优化产品、提升服务。而是为了优化产品、提升服务、增加利润，才需要用户画像，以便在最恰当的时机，把最合适的信息推送给用户，获取最大的利益。

（3）持续优化。解决了业务问题，给出一个全面的用户标签体系后，用户画像工作并不能停止。大多数情况下标签体系是开放的，标签和标签值也有时效性，并不可能一劳永逸，直播就是个很好的例子。新的内容、品类、热门话题不断产生，不断地研究、调整也就不可避免了。而且每家企业产品服务的用户都有各自的特点，加上数据源、算法的不同，只有根据效果持续迭代，才有可能取得好的结果。

总之，用户画像应该从实际业务出发，解决实际的业务问题，根据业务目标、用户画像应用的反馈，不断迭代、演进，才能取得最好的效果。

创新思考

1．在新媒体推广工作中，用户画像可以应用在哪些领域，请列举 2～3 个。

2．请根据案例思考：好的用户画像有哪些评价标准？

案例二　中国移动的数据化运营

课后提升

随着移动互联网的迅猛发展，传统通信行业面临着巨大的挑战和机遇。中国移动作为行业企业，一直在积极寻求转型和创新，数据化运营成为中国移动实现战略转型的关键手段之一。通过大数据分析，中国移动能够更深入地了解客户需求，优化运营策略，提升服务质量，从而巩固市场地位。

1．客户流失预警

通过大数据分析，能够更准确地预测客户流失风险。除了传统的业务数据，中国移动收集社交媒体、网络论坛等新型数据来源，从中挖掘出客户的真实需求和潜在问题。例如，一个客户使用某品牌最新款手机，每月准时缴费、平均一年致电客服 3 次。如果按照传统的数据分析，可能这是一位客户满意度非常高、流失概率非常低的客户。事实上，当搜集了包括微博、社交网络等新型来源的客户数据后，这位客户的真实情况可能是这样的：客户在国外购买的这款手机，手机中的部分功能在国内无法使用，使用体验较差，正在面临流失风险。这就是中国移动一个大数据分析的应用场景。中国移动可以通过数据分析发现这一问题，并主动与客户联系，提供解决方案，从而避免客户流失。

2．个性化推荐与营销

大数据分析不仅能够帮助中国移动预测客户流失风险，还能够为客户提供个性化的推荐和营销服务。通过对客户的行为数据、偏好数据等进行分析，中国移动可以为客户推荐更符合其需求的业务和服务。同时，中国移动还可以根据客户的消费习惯和偏好，制定个性化的营销策略，增强营销效果，提高客户满意度。

3．业务创新与产品开发

大数据分析不仅可以帮助中国移动优化现有业务，还可以为业务创新和产品开发提供有力支持。通过对客户数据、市场数据等进行分析，中国移动可以发现新的市场需求和机会，并据此开发新的业务和产品。例如，通过分析用户的社交媒体行为，中国移动可以发现用户对某些新兴技术的兴趣和需求，从而开发更具竞争力的产品和服务。

　　中国移动通过数据化运营实现了对全业务的精准监控、预警和跟踪，为客户提供了更优质的服务体验。未来随着技术的不断发展和数据的不断积累，中国移动将继续深化数据化运营的应用，不断挖掘数据价值，推动业务创新和转型升级。同时中国移动也将面临更多的挑战和机遇需要不断创新和完善数据化运营体系以适应市场变化和客户需求的变化。

创新思考

　　1. 中国移动采集的用户数据源有哪些？

_____

　　2. 在企业进行客户数据分析、市场数据分析时，可以使用哪些数据采集和分析方法？

_____

课后提升

项目二

图文推广

党的二十大报告提出："加强全媒体传播体系建设，塑造主流舆论新格局。"在移动互联网时代，5G 网络、人工智能、大数据、云计算等新技术催化信息媒介形态的迭代演进。人们获取信息的途径发生了变化，从电视、报纸、广播转移到网络，信息的传播由单向传播变为用户主动获取和多维互动。新媒体平台越来越多地吸引了用户的注意力并占领用户的心智。新媒体图文的重要性随着新媒体平台的迅速发展日益凸显。好的图文不仅要实现产品价值传播，更要始终贯彻并传播正确的价值观。想要撰写一个质量好、具有推广价值的图文作品，首先要明白图文推广的基本要素，例如平台特点、思维模式等，让我们一起走进图文推广的世界。

教学目标 ↓

◢ 素养目标

1. 具备团队合作精神，能够协调分工，共同完成任务
2. 具备开拓创新思维，能够在创作图文内容时坚持守正创新的原则
3. 具备法律法规意识，能够掌握相应的网络广告法律法规与平台内容管理规范，规避敏感词
4. 具备资源整合能力，能够借助外部资源进行图文运营与推广

◢ 知识目标

1. 了解图文推广平台
2. 掌握图文推广内容编辑的技巧
3. 掌握图文推广的日常运营方法
4. 掌握常用的数据分析工具
5. 熟悉常用的 AI 内容生成工具

◢ 能力目标

1. 能够根据企业需求，准确分析目标用户群体
2. 能够根据企业推广目的与要求，撰写爆款图文
3. 能够合理利用主流的 AI 内容生成工具辅助图文内容创作
4. 能够根据新媒体平台特性，进行图文多平台运营与推广

思维导图 ↓

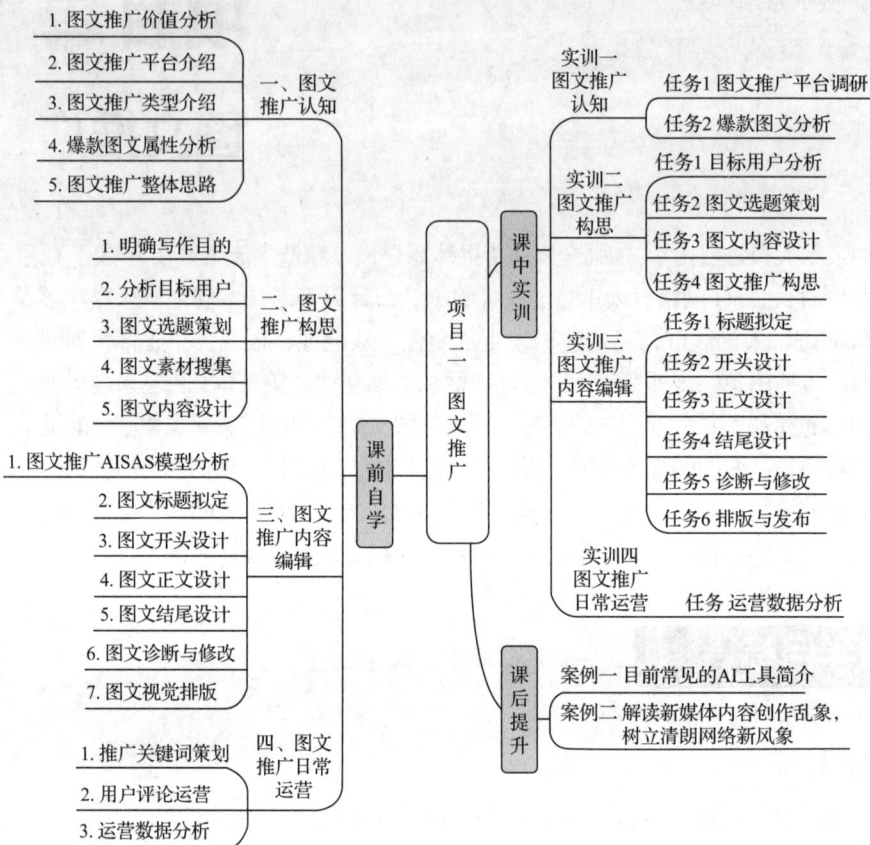

学习计划 ↓

● 素养提升计划

_____

_____

● 知识学习计划

_____

_____

● 能力训练计划

_____

_____

课前自学

一、图文推广认知

1. 图文推广价值分析

在移动互联网时代，微信、抖音、快手、小红书等新媒体平台迅速崛起，新媒体图文随之火爆。通常来讲，目前所指的"新媒体（New Media）"是相对于电视、广播、报纸、杂志等传统媒体而言，是利用数字技术，通过计算机网络、无线通信网、卫星等渠道，以及计算机、手机、数字电视机等终端，向用户提供信息和服务的传播媒介。

新媒体的主要特点是信息传播数字化、多元化、个性化，具有较强的即时交互性，以及跨时空传播的特性。基于新媒体这样的特点，我们可以把新媒体图文理解为一种内容呈现形式，其利用新媒体平台以文字和图片相结合的形式输出内容，以达到有计划、有广告目的的广泛传播。

图文推广的营销价值主要体现在以下 3 个方面。

（1）打造个人品牌

微信公众号的口号：再小的个体，也有自己的品牌。事实证明，新媒体图文具有链接路径短等优势，可形成超级个体闭环。因此，与传统营销推广方式相比，新媒体图文推广可使用更低的用户成本、更强的信任背书及更便捷的线上支付获得更高的价值溢价。

（2）电商变现

图文曝光产生流量，流量带来用户，用户一旦沉淀在个人平台上，个人就拥有了媒体属性及商业价值，如电商营销。目前常见的主流新媒体平台，如微信、抖音、快手、小红书、头条等，都已经开通电子商务功能，在图文中插入商品链接，就可以直接达成交易。

（3）内容付费

内容付费的本质在于把内容变成产品或服务，收取用户费用，实现商业价值，如付费阅读、付费专栏、付费课程等。当用户看到感兴趣的内容时，可以直接付费学习更系统和专业的内容。

想一想

除了以上 3 点，新媒体图文推广还有什么营销价值？请举例说明。

博古通今

古代的软文写手与"打赏"模式

在古代，以类似"自媒体"手段谋生的人并不鲜见。在汉朝，能写的人往往有较好的收入，"汉赋"的出现和兴起便是证明。汉朝设置了文学侍从官的官职，从民间征召写手到朝廷，这些写手可以靠写文章获取"打赏"。

据《汉书·王褒传》记载，四川的王褒文章文采飞扬，汉宣帝知晓后便将其带在身边写文章。王褒的文章可不白写，汉宣帝会根据文章的质量进行打赏，即所谓"第其高下，以差赐帛"。此后，"打赏"模式便流行开来，并成为古代创作者重要的收入来源。

到了宋朝，现代流行的稿费制已出现。稿费在古代通称"润笔"。在唐朝，不少文人已能获得很高的润笔。如当时文化名人韩愈、李邕等通过为人撰写碑文便可拿到巨额稿费。

当下，"打赏"和稿费是内容平台对创作者的一种激励和肯定。需要注意的是，网上有一些内容只为博取观众眼球，故意低俗化、情绪化、哗众取宠，这样毫无内涵的文字往往也有市场。但内容创作者不能为了"打赏"而扭曲自身的良知，违背基本的职业素养和职业道德。

古为今用

请查找1～2个在软文推广中违背职业道德的案例进行分析，思考在创作软文时如何平衡内容价值与内容收益？

2. 图文推广平台介绍

各种新媒体平台如雨后春笋般兴起，为图文推广的发展提供了可能。基于不同的内容类型和运营方向，图文推广的常见平台可划分为电商类、公众类、问答类、专业类、社区类、视频类、音频类、内容付费类等类型。以下简要介绍前 6 种。

电商类平台有淘宝、京东等。平台设置专门的入口，如手机淘宝的"逛逛"模块、京东商城的"发现""京东快报"等。图文主要以产品信息的介绍为主。

公众类平台有微信、微博、小红书、今日头条等。平台日活跃用户规模大，用户聚合能力强，是图文内容创作者的主要阵地之一。

问答类平台有知乎、百度知道等综合类平台，以及 39 问医生、有问必答等垂直类平台。平台易于搜索，目标人群精准，也聚集了很多优秀图文创作者。

专业类平台主要专注深耕某一行业领域，如虎嗅网、钛媒体、创业邦等。平台行业针对性强，适合垂直领域的图文创作者。

社区类平台有豆瓣、贴吧、简书等。平台具有较强的社交属性，注重用户生成内容（User Generated Content，UGC），更便于自发传播，目前也聚集了一群优秀的图文创作者。

短视频类平台有抖音、快手、视频号、西瓜视频等，是目前较为流行的新媒体平台。短视频的特点是内容生动、篇幅精练、传播快捷，方便大众参与，随时随地都能观看。基于短视频这样的特点，短视频平台发展迅速，吸引了大部分用户的注意力，也成为企业或商家网络营销的新增量。想要产出优质的短视频，优秀的内容策划是必不可少的。

随着 5G 时代的发展，视频对图文产生更大的冲击，但图文依旧是生成内容的主力军，在专业性和垂直深度上，图文推广拥有音视频无可比拟的优势。

对于图文创作者来说，多平台发展是必然的，同样的内容要在多个平台进行最大限度地分发。但术业有专攻，特别是对新手来说，要明确自我定位，选择与自我定位相符的平台。建议新手创作者从流量大、创作扶持力度大、容易操作的平台开始，选定一个主攻的核心平台，不断打磨内容，坚持输出价值，在积累了一定粉丝量和写作经验后，再进行多平台分发。无论入驻哪个新媒体平台，只有持续地输出优质的原创内容，才能打造出优秀的商业 IP，实现商业价值。

3．图文推广类型介绍

（1）按推广目的分类

企业的图文推广都是为销售服务的。根据图文的主要推广目的，分为产品销售类图文、品牌宣传类图文和活动推广类图文。

产品销售类图文，即能够实现销售的图文。例如为了提高销量而制作的引流广告图、商品销售页介绍商品信息的图文等，如图2-1所示。

品牌宣传类图文，即塑造企业品牌形象，扩大品牌影响力的图文，如图2-2所示。例如企业形象广告、企业节假日情怀营销图文等。

图2-1 产品销售类图文

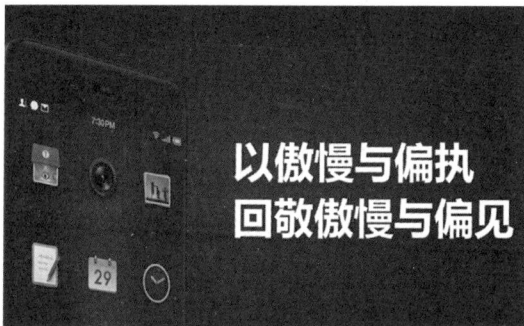

图2-2 品牌宣传类图文

活动推广类图文，即进行活动宣传与推广的图文，核心目标是吸引和留存用户，如图2-3所示。例如节日大促活动海报、电商平台活动宣传图文等。

图2-3 活动推广类图文

（2）按表现方式分类

传播渠道不同，图文的表现形式也有不同。例如微信公众号支持多种形式的图文表现，包括纯文字、语音、图片、问答、视频、条漫等；微博支持短文案发布，仅140字，可附图片和视频。不同的表现方式对于图文内容创作的要求也不一样。

（3）按篇幅长短分类

按照图文的篇幅长短，可分为长图文和短图文。长图文为1000字及以上的图文，短图文是低于1000字的图文。通常来说，长图文需构建强大的情感场景；而短图文则在于快速触动，表现核心信息。

另外，产品属性不同，图文的运用也有不同。对价格昂贵、顾客的决策成本较高的产品通常要运用长图文，如珠宝、汽车；而对价格较低、顾客决策成本较低的产品，则一般运用短图文，如日用快消品、休闲零食。

（4）按广告植入方式分类

按图文广告植入方式，可分为软广告和硬广告。软广告即不直接介绍商品、服务，而是通过其他的方式代入广告，如在故事情节中植入广告品牌。软广告具有隐藏性，受众不容易直接觉察到广告的存在，接受较为自然。硬广告则相反，是直接把广告内容发布在对应的新媒体平台上。

4．爆款图文属性分析

爆款图文是指在特定或多个圈层（如年龄、地域、行业等）内，实现大量曝光，造成传播现象的图文内容，常见的爆文阅读量可达到十万次、百万次、千万次级别。

微课视频

爆款图文的四大招数

想一想

新媒体图文写作与传统媒体写作一样吗？爆款图文有哪些特点？

爆款图文通常具备较高的阅读价值，易于传播，能够取得较好的推广效果。一般来说，爆款图文具备以下4点共同属性。

（1）激发用户的情感共鸣

事实证明，爆款图文通常能够与用户建立情感连接，激发用户情感共鸣，也就是把话说到用户心坎上。通常来说，当内容聚焦在"爱""向往""留恋"等情感共鸣点时，往往具备"引爆"的特质。例如爆款图文"谢谢你爱我"（见图2-4），聚焦于平凡生活里关于爱的故事，打开率和阅读量惊人。

（2）提供适当的信息增量

"提供适当的信息增量"是目前大部分新媒体平台对图文内容的硬性要求之一。那如何界定信息增量是否合适呢？

谢谢你爱我。

楠瓜 视觉志 2017-09-14

点击上方蓝字关注 **视觉志**

在这个世上
生活虽然总是艰辛坎坷
感情虽然总是不尽如人意
但总有一个人出现在你生命里
用心爱着你

……

最近
一个先天残疾的小男孩"暖爆"了朋友圈。

图2-4 爆款图文"谢谢你爱我"

适当的信息增量是指图文内容要能给予用户一些新的观念或知识，但不能太新，避免与用户已有的认知产生断层。如果信息密度过于饱和，用户消化和理解的成本过高，就很难产生兴奋感，也就没有分享传播的动力。反之，如果信息密度过于稀薄，用户没有获得新知和新奇感，也不会分享传播。

（3）拟定强吸引力的标题

事实证明，吸睛的标题可以让同样内容的阅读量提高10倍之多。与传统媒体时代相比，新媒体时代用户的时间和注意力越来越少，阅读习惯和阅读环境已经发生深刻改变。用户在通勤或排队时可以用3～5分钟看完一篇文章，如果图文标题不具有吸引力，他们就不会点击阅读正文。所以，给图文拟定一个吸睛的标题十分重要。

（4）撰写生动有趣的正文

当前互联网环境下，用户的时间呈碎片化趋势，想要提高完读率，就需要不断给予用户刺激，使其一直处于兴奋状态，吸引用户阅读到最后。通常情况下，图文创作者可以通过制造冲突或悬念，引发用户好奇；也可以根据内容合理添加表情包，让用户觉得有趣，吸引用户完成阅读。

5. 图文推广整体思路

练一练

如果你接到图文推广的任务，第一反应是什么？你会怎样完成任务？

_____

一般来说，图文推广整体思路主要涵盖图文推广构思、图文推广内容编辑及图文推广日常运营 3 部分，如图 2-5 所示。

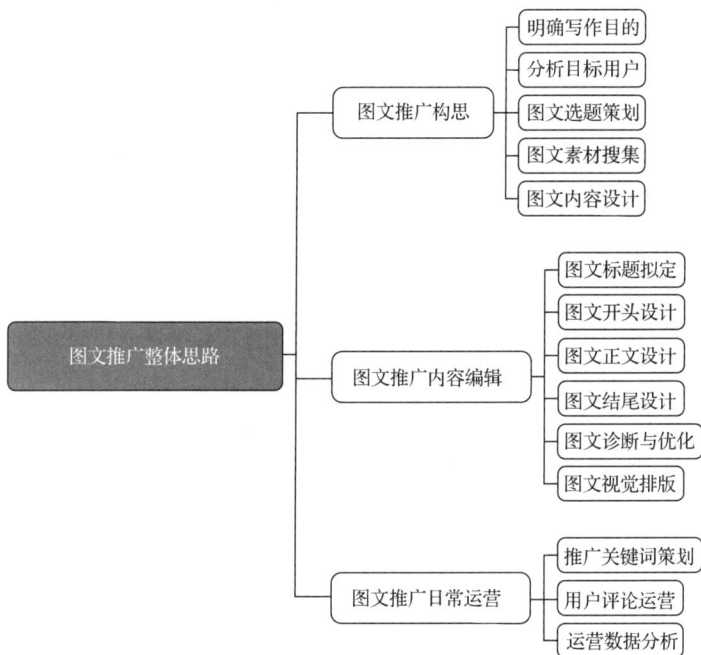

图2-5　图文推广整体思路

（1）图文推广构思

在写作前，需要明确写作目的，分析目标用户，针对具体推广目的和用户群体特征，策划选题、搜集素材、设计内容，做好写作前的准备工作。

（2）图文推广内容编辑

内容编辑主要通过拟定标题、设计开头、正文和结尾、诊断与优化、视觉排版等步骤完成内容输出，达成吸引用户、销售转化、品牌宣传和活动推广等目的。

（3）图文推广日常运营

日常运营主要通过推广关键词策划及用户评论运营，增强文章的传播效果及用户黏性；通过对图文数据进行分析，了解用户的真实需求，加强图文质量，实现内容优化。

二、图文推广构思

1. 明确写作目的

明确写作目的是图文写作的第一步。通常来说，图文推广主要有销售转化、品牌宣传、活动推广、用户服务、内容传播等目的。基于不同的推广目的，图文主要分为产品销售类、品牌宣传类及活动推广类。

产品销售类图文的核心目标是达成销售。这类图文通常要刺激用户产生消费需求，建立信任感，最终付诸购买行动。

品牌宣传类图文的核心目标是塑造品牌。这类图文通常要体现企业的品牌形象与企业文化内涵，所以图文要符合品牌格调，能引起用户的情感共鸣，加深用户对品牌的印象。

活动推广类图文的核心目标是吸引和留存用户。这类图文往往形式多样，交互性强，可适当运用语音、视频、表情包、问答等，吸引用户兴趣，提高用户留存率。

2. 分析目标用户

图文推广的目标用户群体不同，写作的内容和方法也会有所不同。正确的目标用户定位与分析，能够让图文推广更加精准，更能深入人心。

分析目标用户常用的方法是构建用户画像。通过用户画像，新媒体运营者可以清楚地了解目标用户群体、用户行为、用户的共同需求等。优秀的图文能将用户的痛点与共鸣点纳入内容创作之中，写出用户心中的真实诉求。

构建用户画像常用的数据信息主要来自网站后台数据、实地调研分析、权威行业报告、第三方新媒体数据分析工具（如百度指数、百度热搜、清博指数、灰豚数据、新榜、蝉妈妈等）。通过分析用户数据，确定用户基本信息（如年龄、性别、地域、职业、收入水平、教育程度等），提炼出用户群体标签，进而补充细节与场景，完善用户画像描述，使目标用户分析更加科学、精准。

练一练

分析你所熟知的一个项目（产品/企业）的用户，尝试找出典型用户，给用户提取标签，构建该项目（产品/企业）的用户画像，要求尽可能考虑全面。

---

3. 图文选题策划

选题是图文创作者对于图文内容的构思。进行选题策划时，图文创作者要考虑用户是否会产生共鸣，用户是否能够感受到图文传达的信息和情绪。通常来说，策划选题可以从以下 3 个角度切入。

微课视频

如何打造图文爆款选题

（1）与目标用户关联度高的选题

不同的目标人群，关注点是不同的。例如，职场年轻人的关注点主要有进修、升职、理财等；母婴群体的关注点主要有辅食、早教、喂养等。选择与目标用户群体关联度高的选题，往往能够引起用户的关注。运用马斯洛需求层次理论可以洞察不同目标群体的关注点。马斯洛需求层次理论将人的需求从低到高依次分为 5 个层次，如图 2-6 所示。只有当一个人满足了较低级的需求后，才能出现较高级的需求。

图2-6　马斯洛需求层次理论

依照马斯洛需求层次理论进行选题策划，能够更好地了解目标用户需求，找准引爆点。例如某职场领域微信公众号策划了两个选题，一个是教读者如何写出阅读量为10万+的文章，另一个是教读者如何在下班后通过写作赚到10万元。前者属于社交需求和尊重需求，后者属于安全需求，该公众号的用户是职场年轻人，安全需求大于社交需求和尊重需求。所以，后一个选题要比前一个更受欢迎。

（2）与近期热点关联度高的选题

除了洞察目标用户的需求，我们还要关注社会热点，特别是那些低门槛、高共鸣、新观点、反常态的热点，很容易引发用户的情绪共鸣。例如，目前"95后""00后"青睐的流行文化，如"国潮""新中式"等，都可以成为热点选题。但在借势热点的同时，要注意深挖话题，实现用户信息增量，凸显品牌特征。

（3）与日常生活关联度高的选题

人们对身边和自己生活关联度高的事情会投入更多关注，也更乐于阅读、讨论和传播。移动互联网时代，人人都可以打造自己的IP，用户生产内容顺应而生，用户成为内容生产的合作者。例如某微信公众号，经常发起话题讨论活动，从用户身上挖掘大量素材并整理成文，更容易引发用户共鸣，阅读量非常可观。

4．图文素材搜集

策划一个好的选题只是打造优质图文的第一步，接下来还需要积累相当多的素材。素材可以协助确定选题的角度和要点。

素材是图文的血肉，有了丰富的素材，图文内容才能给用户提供"价值感"。素材往往是生动具体、有故事性的，但素材并不等同故事。素材种类并不局限，能够丰富图文内容的都可以作为素材，如独特新颖的观点、金句、段子或书摘等。

关于素材，图文创作者需要具有足够敏感的素材搜集意识和广泛的素材搜集渠道。一般来说，素材来源于自身经历、身边人经历、用户反馈、流量平台、专家或权威人物、引起广泛讨论的节目或影视剧、书籍等。

用户反馈是很好的素材来源。素材来自用户，反映的是用户本身的痛点，从中挖掘出的选题成为爆款的可能性很高。图文创作者可以多关注用户意见聚集的平台，例如小红书、知乎等，从中搜集到很好的素材，从而了解用户的真实想法；也可以多关注图文评论区、感人的故事或精辟的语句，这些都是非常好的素材；还可以通过某个话题引导用户分析，直接整理成文，或者专门做用户调研。

素材收集本质上就是从量变到质变的过程。图文创作者要对生活时刻保持敏感和兴奋感，发现并搜集有新意、有趣或有话题的素材，养成随手记录素材的习惯，整理一个自己的素材库，最好根据类型或主题分类素材，方便需要的时候快速查询。

5．图文内容设计

有了好的选题和足够的素材，下一步就是内容设计。内容设计实际上是基于选题撰写一份图文内容大纲，为之后的正式写作理清思路，明确观点。

（1）内容设计步骤

①基于选题和素材，进行思维发散，把所有可写的观点罗列出来。

②整理出这些观点之间的逻辑关系，并进行适当的增减和修改。

③确定引领全文的核心观点，之后的子观点和案例都是为核心观点服务的。

④整理出完整的大纲（开头引入、中间子观点／案例、收尾），并进行相应描述。

（2）内容设计大纲

优质的图文内容要求核心观点明确、整体逻辑清晰、素材指向观点。在内容设计上，特别要注意整体逻辑清晰。撰写内容设计大纲的目的是让用户更容易看懂，减少用户的阅读负担。

内容设计大纲通常采用金字塔结构，因为金字塔原理符合人们获取信息的原理。常见的金字塔结构有两种，如图2-7所示。

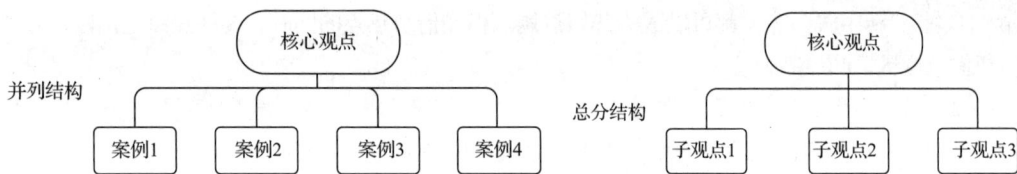

图2-7　常见的两种金字塔结构

一是并列结构，一篇文章有一个核心观点，开头引出核心观点，中间正文通过多个案例来支持核心观点，结尾总结升华。并列结构在情感故事类、热点类图文中比较常见。

二是总分结构，一篇文章有一个核心观点和多个子观点，一般在开头引出核心观点，通过多个子观点（3～4个）来支撑中心思想。总分结构在偏议论说服类的"干货"类、热点类、情感类图文中比较常见。

例如，小米推出某款新手机，核心观点是"新潮流手机"，通过3个子观点"引领审美的潮流设计""强大的性能体验""真实好看的人像表现"进行论证，每个子观点都有充足的素材支撑，如图2-8所示。图文创作者在此基础上进行细节补充，就可以写出一篇产品类图文了。

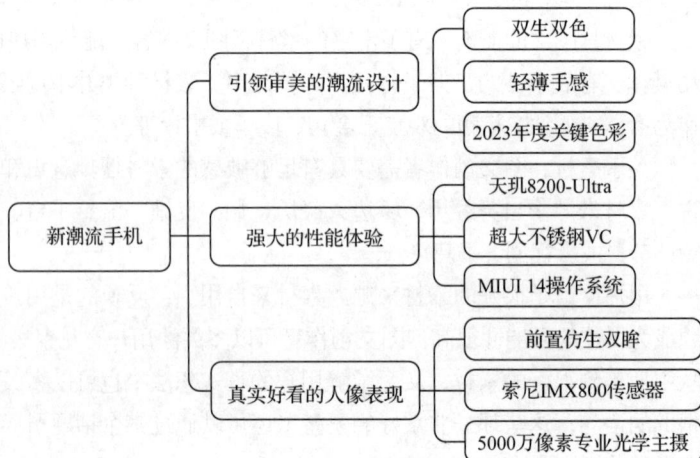

图2-8　金字塔原理案例

三、图文推广内容编辑

1. 图文推广AISAS模型分析

与传统媒体广告不同，互联网时代的新媒体图文必须围绕互联网用户进行设计。AISAS 模型是基于互联网时代的市场特征而提出的一种用户决策分析模型，如图 2-9 所示。

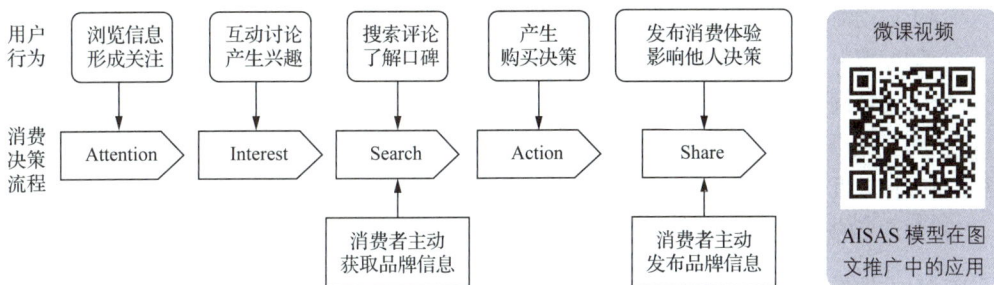

图2-9 AISAS模型

图文推广运用该模型，可以了解用户的阅读行为与心理，进行有目的的写作，即围绕互联网用户进行图文内容创作，引导用户完成阅读，并激发用户产生互动行为，如表 2-1 所示。

表 2-1 AISAS 在图文推广中的应用

AISAS 模型	图文	预期效果
引起注意	标题	吸引用户的注意力，引导用户点击阅读正文
引起兴趣	开头	引入场景，有代入感，用户愿意继续阅读
进行搜索	正文	信任感、价值感、信息增量，用户主动获取品牌 / 产品信息
用户行为	结尾	强互动，引导购买、转发、点赞、评论等用户行为
分享推广	推广	较好的传播力、口碑营销

2. 图文标题拟定

好的标题可以在海量内容池里成功吸引用户的注意力，引导用户点击阅读，并且筛选精准用户，提高图文内容的转化率。事实证明，好的标题可以让同样内容的阅读量提高 10 倍。好的标题还可以满足用户第一眼的阅读需求。实际上，80% 的用户只看标题，不看内容。所以，好的标题是基于图文内容的总结提炼，用户即使没有点击阅读，也能够根据标题快速知晓图文创作者要表达的信息。拟定图文标题其实就是提炼图文精髓并与用户需求匹配的过程。

如何写出一个好的标题呢？下面介绍 5 种拟定标题的通用技巧。

（1）与己相关

研究表明，人们更容易注意与"我"相关的内容。标题考虑用户身份，加入年龄、行业、地域、生活态度、消费文化身份标签，呈现出对用户有用、有价值的内容并与用户相关，吸引其注意力。例如，标题"北京，有多少人在北漂""北方人吃饺子图鉴"等。

（2）制造对比

对比即把两种相应的事物对照比较，使目标用户的感受更加强烈。标题可以通过对比制造

"冲突感"，特别是那些非常规的超出人们认知的信息，可以激发用户的阅读欲望。例如，标题"他是网上'最低调的演员'，却治好了300万人的焦虑""停更'两微一抖'"等。

（3）引发好奇

标题中含有引起用户好奇心的内容，可以有效吸引用户的注意力。例如，标题"多厉害，才可以在简历上写精通Excel？""抖音粉丝7000万人，papitube做对了什么？"（papitube为公司名称）。

（4）启动情感

标题要善于启动情感，引发用户的情感共鸣。例如，标题"谢谢你爱我"等。

（5）关键词借势

大多数人会对知名人物、权威头衔、热点人物或事件等感兴趣。借助这些关键词的势能，可以提高标题吸引力。例如，标题"爱因斯坦：什么是最好的教育"等。

需要注意的是，标题还有一个重要原则就是要真实、准确，不要做"标题党"。"标题党"为博眼球，往往断章取义、歪曲甚至捏造事实等，与正文内容不符，会严重伤害用户对内容创作者的信任感。

想一想

不同新媒体平台对于图文标题有什么偏好？采用同一标题在不同平台分发能获得同样的效果吗？请举例说明。

博古通今

古代"汽车""大V"的借势营销

《战国策·燕策二》中记述了"伯乐大V+卖马"的借势营销手法。故事是这样的，有个商人在市场上卖马，一连三天无人问津。这人就去找相马专家伯乐，恳求伯乐去马市上溜达，绕着他的马转几圈观察观察，离开时再回过头依依不舍地看几眼，并承诺奉送给伯乐一笔非常可观的劳务费。伯乐同意了商人的请求，按照商人的要求，三顾其马而归。结果正如商人所料，马匹迅速以高价卖出。从上述来看，卖马的商人颇有商业头脑，十分了解"名人效应"的作用，仅仅花费"一朝之贾"，即一天的劳务费，便请到了当时的相马专家伯乐，也就是我们现在所说的汽车领域大V，借势名人效应来一通宣传推广，从而实现了卖掉马的商业目的。

这是典型的"名人代言"案例。除了伯乐为马代言，大书法家王羲之也曾凭借自己的"竹扇题字"为扇子代言，而卓文君往司马相如家的酒坊旁一站，酒销量立涨，至今还有成语"文君当垆"来描述此举。当然，古代也不乏名人代言的虚假广告，也就是我们现在所说的"托儿"。一些古代无良商家利用名人的名气坑蒙拐骗，和现代企业利用明星做虚假代言如出一辙。

古为今用

结合以上案例进行思考，图文推广中除了借势名人效应，还可以如何借势？请分别举例说明。

3．图文开头设计

如果说标题决定了用户是否会点开文章，那么开头决定了用户是否愿意继续往下阅读。开头具有承上启下的作用，一方面与标题相呼应，另一方面引导用户往下阅读。移动互联网的出现改变了用户的阅读习惯，用户从以前的每行阅读到现在的每屏阅读。所以，能让用户读完前两屏的开头就是成功的。

一个成功的开头具有 5 个特点：符合用户预期、开门见山、与"我"相关、引起好奇、简明有力。基于这 5 个特点，下面介绍 5 种常见的图文开头设计技巧。

（1）场景式开头

场景式开头是指开头描述情景，这个情景是大部分目标用户熟悉的，能引起用户的情感共鸣，直戳痛点或者打动人心。场景式开头能让用户有代入感，提高开头吸引力。例如，某公司经典文案《我害怕阅读的人》的开头："我害怕阅读的人。一跟他们谈话，我就像一个透明的人，苍白的脑袋无法隐藏。"

（2）金句式开头

金句式开头是对文章核心点进行高度概括，展现文章的重要性和价值，让用户觉得文章值得阅读。例如，文章《人活到极致，一定是素与简》的开头："人活着有 3 个层次：第 1 个层次，活着。第 2 个层次，体面地活着。第 3 个层次，明白地活着。

（3）冲突式开头

通过制造反差，激发用户的猎奇心理，也是一个好的开头方法。例如，文章《我见过情商最低的行为，就是不停地讲道理》的开头："最近，我对'情商'这个词有了新的理解——高情商的人，原来最不讲道理。"

（4）故事式开头

开头讲故事的好处是让用户有代入感，阅读压力小，很容易就能读下去。例如，文章《职场里最值钱的，是你的时间》的开头："今天在办公室，一名实习编辑离职了，临走时和我说价值观不同。"

（5）痛点提问式开头

这是在销售类图文中常用的一种策略。先设置一个生活场景，然后在场景中直戳用户痛点，用户真的痛了，就会来寻找解决的办法。例如，有一个暖风机的文案开头是这样写的："问你一个问题——当你冻得双脚冰凉，忍不住发抖的时候，你用什么温暖自己？"

练一练

除了以上案例，分享 3 个令你印象深刻的图文开头，并给出理由。

4．图文正文设计

用户点开一篇图文可能是因为精彩的标题和开头，但真正为用户创造价值、吸引用户的是正文内容。

（1）结构设计

正文撰写是重头戏，而重中之重则是结构设计。有效的结构是一篇图文的写作方向和重点大纲，可以让逻辑表达更加清晰，使用户更加信服和准确接收创作者想要表达的内容。通常来说，新媒体图文常用的结构有以下 3 类。

微课视频

图文正文设计的
两大着力点

课前自学

故事类图文常用"冲突、行动、结局"或"起承转合"的结构，将故事起因、经过、高潮、结果详细地展现出来，增加内容张力，吸引用户阅读。

论述类图文常用金字塔结构，围绕观点进行"阐述、分析、解决、总结"，构成"总—分"的金字塔结构，逻辑思路清晰明了，便于用户阅读和理解。

营销类图文也有较固定的结构。例如，产品销售类图文开头设计用户熟悉的场景，提出用户痛点；正文层层递进，赢得用户信任；结尾设计价格锚点或重申卖点，引导用户转化。品牌宣传类图文具有重情感、利传播、有格调等特点，通常是让品牌人格化，或者借助节假日氛围突出品牌情感，或者借助热点吸引用户注意力，加深用户对品牌的认知。

（2）语言表达

除了结构设计外，还需要注意语言表达。语言表达是内容的血肉，流畅恰当的语言表达能为内容增加感染力，给予用户良好的阅读体验。通常来说，图文创作者可以通过给内容做加法，提高信息总量；给内容做减法，让文章更加简洁，符合碎片化阅读场景。

① 补充不该省略的信息。图文创作者要站在用户的角度，思考所表述的信息是否方便用户理解。当表达的信息涉及陌生概念时，需要补上概念解释；需要补充背景信息时，也不要遗漏。

② 适当增加论点、案例。论证一个观点，最好展开 3 ～ 5 个论点。增加论点维度，不仅可以丰富文章信息，深化内容，还可以提升观点的可信度。论据最好使用两个以上的案例、评论性文字和数据组合来丰富内容，用户也易于理解。

③ 聚焦主题、优化表达。重复的内容很容易导致用户产生厌烦情绪。例如，相近的观点、同质的案例、用不同的措辞表达同样的意思，在写作时应该尽量避免。与主题无关的信息也要果断删除，通过精简，有时候可以把一篇 3000 字的文章删减到 1500 字。

5．图文结尾设计

心理学上有个"峰终定律"，是指人们对体验的记忆是由高峰时和结束时的感觉产生的。用户阅读图文的感受也是如此，一方面受到阅读过程中峰值体验的影响，另一方面受到结尾的影响。

图文写作的核心目标之一是通过内容激发用户做出内容创作者期待的行为，而结尾就是用户行为的触发器。例如，对于产品销售类图文来说，成功的结尾能提高购买转化率；对于情感类图文来说，成功的结尾能触动用户情感，引发共鸣，并引导用户点赞、留言、分享、打赏等；对于"干货"类图文来说，成功的结尾交付给用户更多价值，加深用户印象，引导用户关注、收藏。

通常来说，写好结尾有很多方法。下面介绍 4 种常见的结尾方式。

（1）升华情绪式结尾

升华情绪式结尾通常会提炼一两个金句，用来深化主旨、升华情绪，激发用户的情感共鸣。金句放在结尾的好处是用户可以直接复制转发，操作简单。

例如，文章《努力工作，就是年轻时最好的生活》的结尾："后来，我终于不再考虑这种问题了。因为，我从内心深处渴望更好的生活，渴望更不一样的视野、更强大的生存能力。所以，我心甘情愿选择：在精力最旺盛的青春里，努力工作。"

（2）引发讨论式结尾

引发讨论式结尾通过制造话题，引发讨论，促使用户思考。结尾为用户提供话题讨论，就是为用户提供社交工具，更利于传播。

例如，文章《请回答，2023》的结尾："虚拟的世界再发达，我们始终怀念，也始终需要人与人之间的真实连结。谁是你并肩作战的伙伴？谁是你的小火堆？谁格外珍贵？你是否有彼此相伴超过 10 年的重要关系？谁见证你生命里的重要时刻？所以，今天，文创同事们想邀请大家一起来'请回答 2023'，分享和你拥有重要关系的人的故事！这个冬天，一起怀抱温暖！"

（3）观点总结式结尾

观点总结式结尾通过总结观点、梳理重点及深化主题，再次强调文章价值，增强用户阅读的回报感、获得感，加深用户的印象，触发用户的下一步行为。

例如，文章《任何成长，都离不开痛苦而持久的自律》的结尾："自律的人一生可以完成其他人几辈子都做不到的事情，他们的生活高效、轻松、时刻充满自信和掌控感，别人眼里的苦行僧，拥有的却是人生终极的自由。"

（4）引用式结尾

引用名人名言做结尾更有说服力，用户更愿意相信；而且当你说不清楚一件事时，可以用名人背书，让用户从名人身上受到启发。

例如，文章《未来十年，我们所认为的能力将荡然无存》的结尾："在结束之际，我还是想跟大家分享汤因比的这段话。他说，一个文明怎么能够延续几百年、上千年？对一次挑战做出了成功应战的创造性的少数人，必须经过一种精神上的重生，方能使自己有资格应对下一次、再下一次的挑战！希望我们一起能够经受时代和技术给我们带来的挑战！"

想一想

除了以上案例，分享 3 个令你印象深刻的图文结尾，并给出理由。

6．图文诊断与修改

著名作家茅盾曾说，练习写作的秘诀是不怕修改。好的内容都是改出来的。图文初稿完成后，还需要反复修改，提高成稿效果。

修改初稿的原则是从整体到局部再到细节，逐字逐句，通篇打磨。如果要在不同的平台进行分发，还需要针对不同平台的要求对结构、素材、标题、段落、语句等方面酌情进行调整，要注意遵守平台内容管理规范。此外，互联网智能时代，图文创作者可以借助智能写作工具辅助图文写作、诊断内容问题及修改润色，如百度大脑智能创作平台。

需要注意的是，在排版完成后即将正式推送前，要仔细检查图文内容。细节决定成败，细节彰显态度。所以，要确保图文内容不出现低级错误，推送前的检查十分重要。下面列出一份推送前的检查清单，方便对照检查，如表 2-2 所示。

表 2-2　推送前的检查清单

序号	检查内容	检查结果
1	全文是否有错别字、病句	
2	是否精简了每一句话，删除了不必要的表达	
3	标题表达是否有误，是否符合正文内容	

续表

序号	检查内容	检查结果
4	封面图的预览效果是否理想	
5	排版是否协调、统一（字号、行距、空行、对齐）	
6	图片的版权及水印是否有误	
7	二维码是否可识别	
8	文章摘要是否合理	

7．图文视觉排版

排版是内容的门面。优秀的排版能给用户带来更好的阅读体验。虽然，不同新媒体平台对排版有不同的要求，但都有一个共同的基本诉求，那就是文章内容条理清晰，让用户可以轻松地读完全文。要做出优秀的排版，需要遵循以下原则和要求。

（1）排版四大原则

① 阅读体验原则。排版标准不一定符合大众审美，但要提升阅读体验，提高完读率、互动率和认知度。

② 内容格调原则。排版设计要匹配内容的格调，考虑用户的阅读习惯，前后风格统一，避免出现违和感。

③ 加深认知原则。在体验优先、格调匹配的基础上，通过个性化的排版形式和视觉元素，提高账号辨识度，加深用户对账号的认知。

④ 持续稳定原则。避免频繁更改封面和排版风格。稳定的视觉设计体现账号的专业度，加深用户认知。

（2）排版基础要求

① 文字规范。文字要尽量符合用户的阅读习惯并突出重点，引导用户关注重点内容。通常来说，图文创作者可以通过特殊排版突出重点，如增加底色、加边框、标注颜色、文字加粗、配图等。

微课视频

移动电商常见的
配色方法

② 图文配色合理。图文整体配色遵循三色原则，即一篇文章中的配色最好不要超过 3 种。例如，微信公众号常见的配色是：正文用黑色，注释性文字用灰色，再加一个固定的亮色突出重点。

③ 内容模块化。内容模块化就是把正文分成几个部分，为每个部分提炼一个小标题，这样可以帮助用户更好地获取信息、理解内容，也能减轻用户的阅读压力。

⚙ 博古通今

世界最早的印刷商标广告实物：刘家功夫针铺"白兔儿"

如今人们对丰富多样的商标广告屡见不鲜。殊不知，世界上最早的印刷商标广告实物当属北宋齐州刘家功夫针铺使用的"白兔儿"。这块"白兔儿"商标现在收藏在中国历史博物馆，是至今保存的中国乃至全世界范围内最早的商标广告实物，比欧洲商行、商会的商标印记早了两百多年。

这块铜版商标上面雕刻着"济南刘家功夫针铺"的标题，中间是白兔捣药的图案，图案上还标注"认门前白兔儿为记"，下方则刻有说明商品质地和销售办法的广告文字"收买上等钢条，造功夫细针，不误宅院使用，转卖兴贩，别有加饶，请记白"，如图2-10所示。由此可见，刘家功夫针铺广告也是我国现存最早的图文排版广告实物。

图2-10　"济南刘家功夫针铺"铜版商标

古为今用

1. 请在网上搜索更多与"刘家功夫针铺"广告相关的信息，分析这个广告折射出当时人们什么思想意识和价值观念？

2. 如果让你重新设计一个"刘家功夫针铺"的图文广告，你会如何设计呢？

四、图文推广日常运营

在信息爆炸的时代，海量内容争抢用户，导致用户的时间越来越碎片化，获取用户关注也变得不容易。所以，完成图文推送并不意味着结束，还需要积极运用营销策略进行推广，从而获取流量、沉淀用户，最终达到图文推广的目的。

1. 推广关键词策划

移动互联网时代，用户阅读习惯和信息获取渠道都发生了巨大改变。通常来说，用户可以被动接收平台推荐信息，如接收微信公众号推送文章；也可以主动搜索，如在百度、微信等平台搜索所需要的信息。

这里的关键词是指在图文推广中能够满足目标用户搜索需求的词。当用户搜索时输入的词与关键词足够相关，就会"触发"关键词，图文内容就会展现在用户面前。例如，某微信公众号图文选择"雅思英语"作为关键词，当用户在微信里搜索"雅思""雅思英语"时，搜索结果列表里就会展现该图文内容。

因此，策划关键词，一方面便于平台算法识别，根据关键词推荐给相关用户，增加图文曝光；另一方面便于用户在搜索引擎中快速查找，吸引精准用户。策划关键词可分为关键词罗列、关键词选择及关键词布局3个步骤。

① 关键词罗列是指把与图文内容相关的能想到的关键词都罗列出来。关键词要多用语义明确的实体词，也就是用有实际意义的名词和动词，以便于算法搜索和识别。以今日头条平台为

例，两个图文标题"老板如何设计工资体系，才能有效激励员工？这个模板非常实用""启航中队的学生致敬最美'逆行者'"，前一个标题中算法可识别的词有"老板""工资""激励""员工""模板"，算法根据判断将图文推送给关注职场领域的用户，用户精准，推荐量和阅读量都很高；后一个标题中算法只能识别"学生"这一个词，"启航""中队""致敬"可用于多个领域，指代不明，算法无法做出准确判断，也就无法推送给精准用户，即使算法推荐量很高，阅读量也不理想。

② 关键词选择是指在选择关键词时可多参考近期热点事件。图文创作者借助新媒体平台自带的热词推荐、热点榜单或第三方数据工具（如百度指数、微信指数等），了解用户关注的热点，结合热点，确定热点关键词。如果标题中涵盖 1 ～ 2 个热点关键词，就会被算法判断为热门话题，获得更高的推荐量。

③ 关键词布局是指将关键词合理布局在图文内容之中，特别是标题和开头。算法识别图文内容，对于关键词的判定原则是：高频词。算法会根据在文中多次出现的固定词汇，提取标签，划分内容类别。例如，新媒体写作类图文，如果文中出现"新媒体""写作""新手""爆文"等高频词，算法容易识别和判断，就会将图文推送给对新媒体写作感兴趣的用户。标题和开头是算法首先识别的部分，所以在标题和开头中尽量使用精准的关键词有利于算法判断标签类别。

2. 用户评论运营

互动是图文内容的延伸。优质的图文内容不仅能吸引用户阅读，还会制造参与感，吸引用户评论。很多新媒体账号非常看重用户评论，将用户评论看作图文推广不可或缺的一个重要组成部分。良好的用户评论运营可以有效提升用户活跃度，获得用户的真实感受，与用户建立"情感桥梁"，增强用户黏性，为之后的推广转化做好用户沉淀。

新榜数据显示，新榜排行榜上排名前 500 的微信公众号中，47% 的评论发生在推文后 1 个小时内，而评论后超过半数会在 10 分钟内被回复。对于大部分新媒体账号来说，在图文推送后通常是回复用户评论，有的账号是由专人负责的。如果单篇图文留言不多，基本做到一一回复；如果留言过多，会精选一部分有观点、有故事、具有可看性的留言进行及时回复。

用户评论区常见的回复方法主要有置顶评论引发讨论，图文创作者留言引导评论方向，解答用户实际问题，还有故事有奖征集、常规有奖互动、评论区打卡等。适当的引导和奖励有助于提高用户评论的积极性。

优质的用户评论可以成为绝佳的选题来源。例如，某微信公众号认为留言是选题灵感来源，他们开设了一个新栏目"读者来信"，给用户倾诉和分享生活故事提供平台，用户的故事也成了文章，引发更多的用户共鸣。他们还通过设置话题，让用户在评论区各抒己见，如图 2-11 所示。用户积极在评论区分享自己的故事，不仅使得账号活跃度大大提升，也为账号带来数量可观的新增粉丝。

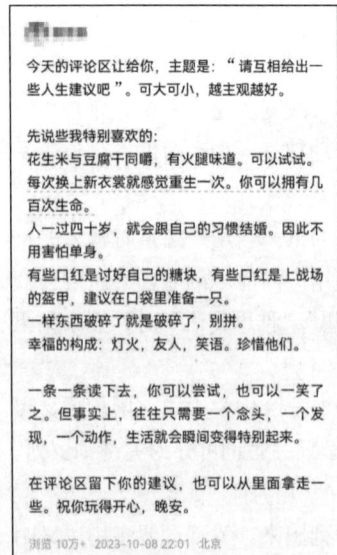

图2-11　某微信公众号与用户的互动

3. 运营数据分析

在图文推广中，数据分析可以帮助运营者了解用户的真实需求，并不断优化图文内容。

微课视频

解说图文数据，有效提升图文质量

课前自学

（1）数据分析的思路

不同的新媒体平台，其关注点不同，根据不同的推广目的，需要挖掘与分析不同的数据指标。图文推广运营所需的数据分析指标如表 2-3 所示。

表 2-3　数据分析指标

推广目的	需要分析的数据指标
销售转化	阅读完成量、页面浏览量、用户访问时长、用户浏览页面数、转化率等
品牌传播	微博粉丝数、微信用户数、今日头条粉丝数、小红书粉丝数等
活动推广	用户评价数、主动转发的用户数、主动打赏的用户数、留言频次高的用户数等

（2）数据分析的内容：图文分析、用户分析

图文分析即对新媒体内容平台的发布情况进行数据统计，包括阅读量、转发量、推荐量、点赞量等。通过分析单篇图文和全部图文的数据详情，运营者得出用户的真实阅读需求，可以有针对性地对标题、内容、推广等方面进行优化。

基础的数据分析指标包括打开率、分享率、点赞率、留言率、转化率等。

高级的数据分析指标（以 7/30/60 天为节点统计）包括平均打开率、平均分享率、最大阅读量、最高打开率、平均转化率等。

用户分析即对用户增长数据和用户属性数据进行分析，了解账号粉丝增长趋势与原因，熟悉用户偏好与行为，帮助运营者更好地定位目标人群。

用户增长数据分析指标包括新增关注人数、取消关注人数、净增人数、累计关注人数等。

用户属性数据分析指标包括性别、语言、城市分布、机型分布等。

（3）数据分析的工具

新媒体平台一般都具备数据统计功能（见表 2-4）。利用平台自带的数据统计功能，运营者可以直观地看到用户增长、后台互动等数据。

表 2-4　新媒体平台具备的数据统计功能

平台	具备的数据统计功能
微信公众号	用户分析、图文分析、菜单分析、消息分析、接口分析、网页分析
今日头条	内容分析、粉丝分析、粉丝画像、热词分析、收益分析
小红书	基础数据、笔记分析、粉丝数据
抖音	数据全景、作品数据、粉丝数据

第三方数据分析工具也可用于数据分析。第三方数据分析工具是指非官方平台自带的需要官方平台授权后才可以使用的数据分析工具。虽然微博、微信等新媒体平台已经具有统计功能，但是对于精细化数据，如单篇图文转发效果、用户评论管理、推广数据跟踪等，依然需要借助

第三方数据分析工具。常见的第三方数据分析工具包括新榜、西瓜数据、清博数据、灰豚数据、壹伴等。

用行业数据分析工具分析行业大数据，有助于判断新媒体内容、活动、推广是否要和网络热点结合。常见的行业数据分析工具包括百度指数、新浪微指数、微信指数、头条指数、搜狗指数等。目前百度、腾讯等大型互联网企业都已经将大量数据开放，用户可以直接登录相关网站查看大数据。

🏃 博古通今

流传至今的古代经典"商业软文"

唐宋时期，请名人为商品作赋吟诗成为一种潮流。酒、茶、食物等都曾通过名人效应得以推广。当时不少名人留下来的诗作，在今天看来都属于广告中的"商业软文"。

著名诗人李白的《客中行》，就是专为兰陵（今山东省临沂市兰陵县）出产的一种酒而写的文案。原诗如下。

> 兰陵美酒郁金香，玉碗盛来琥珀光。
>
> 但使主人能醉客，不知何处是他乡。

兰陵酒本来就有些名气，经李白这么一写，名气更大了。

宋代文学家苏东坡，大概是古代名人中写"软广告"最有影响力的一位。当年海南儋县有一老妇人制作环饼（名"寒具"，俗称"馓子"，一种油炸食品），非常好吃，生意却不好。苏东坡被贬谪于此后，给这家铺子写了一首诗《寒具》。

> 纤手搓来玉色匀，碧油煎出嫩黄深。
>
> 夜来春睡知轻重，压扁佳人缠臂金。

经苏东坡这么一写，一位美人用纤手揉面，以及炸馓子外酥里脆的画面跃然纸上。本来没有颜值的食物，顿时成为一大"爆款"，这家铺子生意一下子好了起来。有学者认为，《寒具》一诗是我国古代真正意义上的"商品广告诗"。

古为今用

请查找1～2个现代经典的产品销售文案案例进行分析，总结成功的产品销售文案有什么共同的特点？在策划产品销售文案时我们还要注意避免哪些内容风险？

自学自测 ↓

一、单选题

1. 图文推广的营销价值不包括（　　）。

    A. 打造个人品牌　　　　　　　B. 电商变现

    C. 内容付费　　　　　　　　　D. 分享传播

2. 关于信息增量，描述错误的是（　　）。

    A. 爆款图文一般会提供密度适中的信息增量

B. 如果信息密度过于饱和，用户消化和理解的成本太高，就没有分享传播的动力

C. 如果信息密度过于稀薄，用户容易理解，用户会主动分享传播

D. 图文内容要能给予用户一些新的观念或知识，但不能太新，避免与用户已有的认知产生断层

3. 写作前的图文推广构思包括（　　）。

A. 明确写作目的 　　　　　　　B. 分析目标用户

C. 图文选题策划 　　　　　　　D. 以上都是

4. 关于图文写作目的，下列说法错误的是（　　）。

A. 主要目的有销售转化、品牌传播、用户服务等

B. 产品销售类图文的核心目标是达成销售

C. 品牌宣传类图文的核心目标是塑造品牌

D. 活动推广类图文的核心目标是传播内容

5. "写作是这个时代最好的投资"作为选题符合马斯洛需求层次理论的（　　）。

A. 安全需求 　　　　　　　　　B. 社交需求

C. 尊重需求 　　　　　　　　　D. 自我实现需求

6. 关于正文结构，以下说法错误的是（　　）。

A. 时序结构常用于梳理故事脉络

B. 金字塔原理可以用于结构化的写作过程

C. SCQA 模型是一种时序结构，与金字塔原理不一样

D. 情绪结构写作是利用文章情绪完成起承转合

7. 关于内容表达修饰描述不正确的是（　　）。

A. 聚焦某一主题 　　　　　　　B. 优化重复表达

C. 精简每一句话 　　　　　　　D. 变短句为长句

8. "来，今天的留言区，说说你做过或经历过哪些事，让你永生难忘？"属于（　　）。

A. 升华情绪式结尾 　　　　　　B. 引发讨论式结尾

C. 观点总结式结尾 　　　　　　D. 引用名言式结尾

9. 不属于图文排版原则的是（　　）。

A. 提升阅读体验，提高完读率、互动率和认知度

B. 匹配内容的格调，前后风格统一，避免出现违和感

C. 通过个性化的排版形式和视觉元素，提高账号辨识度，加深用户对账号的认知

D. 顺应新媒体环境变化，及时更改封面和排版的风格

二、多选题

1. 新媒体平台可以分成（　　）类型。

A. 公众类 　　　　　　　　　　B. 问答类

C. 社区类 　　　　　　　　　　D. 专业类

2. 爆款图文的共同属性有（　　）。

A. 激发用户的情感共鸣 　　　　B. 提供适当的信息增量

C. 拟定强吸引力的标题 　　　　D. 撰写生动有趣的正文

3. 今日头条内容变现形式主要有（　　）。

   A. 广告流量分成　　　　　　　B. 问答收益

   C. 付费专栏　　　　　　　　　D. 内容电商

4. 策划关键词的步骤包括（　　）。

   A. 关键词罗列　　　　　　　　B. 关键词选择

   C. 关键词布局　　　　　　　　D. 关键词投放

5. 关于数据分析，下列表述正确的有（　　）。

   A. 数据分析可以帮助运营者了解用户的真实需求

   B. 图文分析即对单篇图文的发布情况进行统计，如阅读量、转发量、点赞数等

   C. 用户分析即对用户增长数据和用户属性数据进行分析

   D. 常见的第三方分析工具包括新榜、西瓜数据、清博数据等

三、判断题

1. 新媒体能以最短的链接路径连接你和所有人，沉淀并放大个人品牌。（　　）

2. 图文推广最有价值的地方不是文字和图片，而是图文曝光产生的流量。（　　）

3. 研究用户固定属性、用户路径及用户场景后，提炼出关键词，就形成了用户画像。（　　）

4. 数据分析可以帮助运营者了解用户的真实需求。（　　）

5. Giiso 写作机器人是一款智能写作辅助工具，完全可以代替人类写作。（　　）

四、简答题

1. 图文推广选题策划有哪些角度？

2. 图文推广内容编辑主要包括哪些内容？请利用 AISAS 模型进行说明。

3. 图文运营数据分析常用指标有哪些？数据分析常用工具有哪些？

课中实训

实训准备 ↓

✈ 实训目标

本次实训为图文推广项目，通过图文推广构思、图文推广内容编辑、运营数据分析等系列操作，学生能够熟练掌握图文写作与推广的主要原则和技巧，能够协同完成一次有效的图文推广活动。

✈ 实训项目

本次实训以下项目二选一，可以选择书中提供的 A 企业实训项目，也可以依托校企合作项目，或者学生、教师的创业项目。

项目一：学生依托 A 企业的真实项目，以"双 11"电商大促为背景，为企业官方微信公众号撰写产品推广图文，助力企业"双 11"营销活动。

项目二：学生自选×××产品/品牌，自选平台（如微信公众号、今日头条号、百家号、大鱼号等），对该产品或品牌进行图文推广，实现商业价值。

✈ 实训步骤

（1）完成知识拓展、他山之石内容的学习，结合课前自学，整合与图文推广相关的知识。

（2）本次实训拆解为 4 个部分，包含 13 项实训任务，请按照图文推广工作过程依次完成实训任务。

（3）实训过程中可采用线上线下混合学习的方式，学生以小组为单位协同合作，拆解学习爆款图文，运用新媒体工具辅助图文写作与推广，通过头脑风暴活动集思广益，共同完成实训任务。

（4）本次实训最终成果是在微信公众号或选定的新媒体平台发布图文并进行运营以取得良好的营销效果。其中，每项任务的实训成果需要整理到相关表格（表格可以另外附页）或以思维导图形式呈现。

✈ 实训资料

A 企业详细背景资料请参照项目一"实训资料"相关内容。

实训一　图文推广认知

任务1　图文推广平台调研

任务描述：学生以小组为单位，基于所选实训项目，对图文推广平台进行调研，对比分析各平台的异同点，完成图文推广平台调研表格（见表 2-5）。

表2-5　图文推广平台调研

项目	调研平台	目标用户群体	内容呈现形式	内容变现方式	平台特色/优势
调研结果	微信公众号				
	今日头条号				
	小红书				
调研方法					
调研步骤					
资料来源					

👤 **知识拓展**

今日头条、小红书平台简介

1. 今日头条

今日头条于2012年8月上线，是一款基于数据挖掘技术的个性化推荐引擎，它为用户推荐有价值的个性化的信息，提供连接人与信息的新型服务，是国内移动互联网领域成长最快的产品之一。今日头条推出了开放的内容创作与分发平台——头条号。头条号是针对媒体、企业以及新媒体的专业信息发布平台，致力于帮助内容生产者在移动互联网上高效率地获得更多的曝光和关注。

（1）申请注册

在百度上搜索"今日头条"，进入今日头条平台界面；选择入驻类别，填写入驻材料；注册成功即可。

（2）申请原创

原创标是图文创作的基础，有了原创标，其他功能则会陆续开放。自己申请原创标需要30天内发布10篇图文，头条写作集训营要求发布5篇。开通原创的要求是内容优质，只看内容质量，不看阅读量。优质图文的标准如下。

① 内容原创，发文垂直于某1～2个领域。

② 结构清晰，排版简洁，图片清晰。

③ 内容有较多信息增量，能够带给用户收获感。

④ 可读性较强，文字顺畅，重点突出。

⑤ 没有"标题党"、内容失实、营销等问题倾向。

对于持续输出优质内容的原创账号，今日头条不仅为其开通多功能助力创作，如双标题或双封面、优化助手、评论保护、加"V"认证、粉丝必达等；多渠道流量倾斜，如官方推荐、推人卡片、智能推荐加权等；多种签约奖励计划，如"千人万元""青云计划""万花筒计划"等。

（3）内容变现

内容变现主要有广告流量分成、问答收益、签约作者、付费专栏、商品卡等形式。

① 广告流量分成。收益主要来自头条文章、图集、悟空问答、西瓜视频等，根据文末的广告曝光量计算收入。

② 问答收益。悟空问答是头条产品，用户回答有红包标志的问题，获取金额不等的红包。

③ 签约作者。为鼓励内容创作，头条推出了"千人万元""青云计划"等签约奖励计划，优质作者有机会成为头条签约作者、悟空问答签约作者。

④ 付费专栏。专栏是为头条号作者打造的一种新的内容变现形式，致力于让优质内容变现更简单。专栏作者可以发布付费图文、音频、视频等专栏内容，自行"标定价格"，用户按需付费购买后，专栏作者即可获得收益分成。

⑤ 商品卡。内容创作者可以在图文正文中插入天猫、京东等电商平台的商品，用户购买商品后，内容创作者获得一定比例的佣金。

2. 小红书

小红书是一个生活方式平台和消费决策入口。2013年6月，小红书在上海市成立。小红书旗下设有电商业务，但和其他电商平台不同，小红书是从社区起家的。社区发展伊始，用户注重于在社区里分享海外购物经验，到后来，除了美妆、个护，小红书上出现了关于运动、旅游、家居、旅行、酒店、餐饮的信息分享，触及了消费经验和生活方式的方方面面。

（1）申请注册

下载"小红书"App，进入新用户注册平台界面；按照提示要求，填写注册信息；注册成功即可。

（2）内容类型

小红书内容类型主要有图文笔记、视频笔记、活动创作、直播等形式。这里简要介绍图文笔记和视频笔记的创作要求。

图文笔记的创作要求如下。

① 图片。使用小红书App拍照支持1:1和3:4尺寸比例，上传图片则支持3:4—4:3尺寸比例区间内的照片，并且照片的显示区域为第一张图片的区域，所以上传相同尺寸的照片效果会更好。

② 文案。笔记的字数不可超过1000字，表情、符号均计为一个字符。

视频笔记的创作要求如下。

① 视频。使用小红书App拍视频支持9:16尺寸比例，上传视频支持时长5分钟以内，大小不超过2GB，格式为MP4的视频，支持小红书视频号作者上传时长15分钟以内的视频。

② 文案。建议添加不少于5个字且表意清晰的标题，以吸引更多用户点击视频。

（3）内容变现

内容变现主要有内容合作、好物推荐、薯店及直播电商。这里主要介绍一下前3种变现方式。

a. 内容合作

① 成为内容合作人。内容合作人是指受品牌的邀请或征集，在小红书发布商业推广笔记的创作者。

② 申请门槛：完成专业号个人身份认证；年龄≥18岁；粉丝量≥1000人；账号近期无违反《小红书社区规范》《小红书社区公约》行为。

③申请流程：打开小红书App—【我—左上角"≡"—创作中心—更多服务—内容合作】页面申请开通权限。

b. 好物推荐

①创作者可以通过好物推荐功能，在选品中心选择心仪的商品，在直播中添加选品进行直播带货。若其他用户通过直播间购买该商品，创作者可获得相应的佣金收入。与好物推荐相关的问题包括带货数据查询、佣金计算方式、结算提现等，可通过【创作中心—直播选品—我的—我的数据】进行查询。

②申请门槛：完成实名认证用户；粉丝数量≥1000人；遵守社区规范，无社区违规行为。

③申请流程：打开小红书App，进入【我—左上角"≡"—创作中心—更多服务—直播选品】申请。

c. 薯店

①"薯店"是小红书为创作者提供的变现工具。小红书邀请有原创品牌、粉丝求购意愿较高的创作者在小红书平台开店，通过笔记带货、直播带货和日常薯店入口实现收益增长。

②功能玩法：笔记带货、直播带货、个人页带货。

③申请门槛：完成实名认证用户；粉丝数量≥1000人；遵守社区规范，无社区违规行为。

④申请流程：打开小红书App，进行【我—左上角"≡"—创作中心—商业合作—薯店】操作。

任务2　爆款图文分析

任务描述：学生以小组为单位，利用新榜、今日热榜、微小宝等数据分析工具，寻找5篇阅读量10万次以上的近期爆款图文，填写爆款图文分析表格，如表2-6所示。要求：选择你所做实训项目领域的文章进行分析，可以选择身体护理、美容护肤、化妆品介绍等类型的文章。

表2-6　爆款图文分析

文章	文章标题	发布平台	阅读量	选题方向	内容形式	语言风格
爆款1						
爆款2						
爆款3						
爆款4						
爆款5						

他山之石

爆款图文拆解案例

近期，某微信公众号推送了一篇广告推文《一位老师的忠告：孩子 15 岁前，家长千万别在这件事上偷懒》，主要是推广《地图上的全景中国地理》书籍。该文章的阅读量为 4.2 万次，收藏量为 114 次。对于销售文案来说，这篇文章属于"爆款"文案。

我们一起来拆解学习一下这篇"爆款"文案。

首先，标题是很常见的新媒体风格，是典型的情绪式标题，直达家长"教育"的痛点，引发情绪和好奇心。

其次，文案结构是典型的爆款文案结构。第 1 部分：以书信的格式，讲述故事，提出核心观点。第 2 部分：引出具体产品＋素材佐证。第 3 部分：展示图书卖点，打消用户疑虑，坚定购买信心。第 4 部分：利益诱导，敦促用户下单。

1. 以书信的格式，讲述故事，提出核心观点

这个文案开头很有创意，以书信的方式来写，通过一名身为宝妈的地理老师告诉用户一个观点：让小孩学好地理是一辈子的财富。这个观点很容易激起家长的兴趣，因为谁都想让自己的孩子成才。

第 1 部分由地理老师讲述让孩子学好地理的好处和重要性。

通过几个常见问题，例如，为什么神舟十三号的回收场会选在内蒙古？为什么说江西"肥水不流外人田"？重庆的轻轨穿楼而过，为什么不扰民？指出学好地理便可以解决这些问题，给家长一个孩子学好地理的必要好处和条件。

到这里家长开始感兴趣了，想继续往下了解。

接着，文案以经典古语"读万卷书，行万里路"继续刺激家长，提出文案核心观点——学好地理是一辈子的财富。

这时家长已经很有兴趣，但也会有一定的焦虑，心里想着，那应该怎么让孩子学好地理呢？这个时候家长很想知道方法，文案就顺理成章引出了产品。

2. 引出具体产品＋素材佐证

第 2 部分引出产品，给出解决方案，继续给出一系列素材证明。

证明素材 1：这本书很全面，是中国地理大百科。文案以图片证明，这本书从孩子感兴趣的角度出发，不仅是地理，连历史、诗词和人文都有涉及，让家长觉得这本书非常值得。

证明素材 2：继续讲述图书内知识点。文案用数字展示了书中的精华，这本书不仅包含祖国的山川地貌，还涵盖了历史、古诗词和全景图，让家长了解到这本书的价值是巨大的，为之后的出价埋下一个伏笔，同时增加了家长的信任感。每个素材都配有证明，家长看到这里信任感已经非常强了。

证明素材 3：开始讲权威。介绍完了书本内容，文案与开头书信格式对应上了，提出为什么这本书值得推荐呢？因为是资深地理老师协助撰写的，这些作者是非常有话语权和权威性的，还给了图片证明其他主编人员都是权威人员，拔高这本书的价值。此外，还有其他用户证明，这本书是真好。

课中实训

讲完产品和佐证后，文案接着用金句总结升华，再次强调这本书的权威性和价值。

3. 展示图书卖点，打消用户疑虑，坚定购买信心

第3部分是全文案最精华的部分，即卖点证明。

卖点1：权威专业，孩子值得拥有的中国地理大百科。卖点部分继续以"地理老师"的口吻来讲述地理的重要性，也显得更真实和更值得信任。首先文案讲述了这本书地图是由专业团队打造的。接着讲述了全景图的制作过程，突出本书的专业和用心。

卖点2：34个省级行政区、超1000个知识点，地理＋语文＋历史多学科融合。开头一句提问说出竞品的缺点，同时也是家长的痛点，突出本书的优势。接着讲述书中的精华部分"地图篇、全景篇、文史篇"，通过数据和图片给家长详细介绍了这本书的价值，也从侧面证明这不单单是一本地理科普书，还是历史、文史全方位科普的书籍。

卖点3：紧贴中学课本，有趣有料，孩子真喜欢！讲完以上两个卖点，可能家长还是有顾虑，学这个对地理课本学习会有影响吗？这两个有关联吗？该文案第3个卖点是来打消家长顾虑的。开头以图文的形式，讲述了这本书相当于初中地理教程，但是教程类地理书太系统了，孩子很难吸收，这一观点获得家长的认可，接着文案强调这本书趣味性强，更方便孩子学习。

讲完书本的好处，文案又站在家长的角度来思考，孩子学不进去或者买了放在家里沾灰，怎么办？写出了家长的痛点，也间接说明这本书的好处。

这本书为什么好，好在哪里呢？

在家长感到困惑时，文案介绍这本书为什么能让孩子喜欢读，并且能学到东西。

接着，文案从老师的角度讲起，孩子们看科普书要了解背后的原理。列举案例来证明原理很重要，并给出了金句强调。

卖点4：AR黑科技＋包装精美绝伦，直观、动态地感受祖国山河之壮美。第4个卖点开始讲述本书包装，包装很有质感，送礼或者自用都非常大气。看到这里，家长对这本书已经了解得非常透彻了，看到AR动态视频展示，就更心动了。孩子太小了，父母因为工作和经济条件所限，很难带孩子走遍祖国大江南北。一句话写出了目标用户的痛点——想给孩子更好的，但是没时间、没场所。所以，文案给出了父母工作忙的解决方案——这本书可以让孩子在家就能领悟到祖国的辽阔和壮美。

4. 利益诱导，敦促用户下单

第4部分也是关键的部分，那就是家长关注的价格问题，如有没有优惠，有没有其他礼物送等。这部分开始进入敦促用户下单的步骤。图书原价316元，特惠期间只需99元。不到一张火车票钱，看遍祖国大好河山。这里运用了非常有效的参照对比手法，把火车票的钱当作图书的价格参照，告诉用户这本书性价比很高。

这种敦促用户下单的手法非常好用，一个好的参照物能让用户很自然地做比较，评估图书的价值。

到这里，这篇爆款文案就全部拆解完了。你学到了吗？

实训二 图文推广构思

任务1 目标用户分析

任务描述：学生以小组为单位，根据此次图文推广的目的，结合所选平台的特点，分析 A 企业（或某企业）的目标用户，填写目标用户分析表格，如表 2-7 所示。要求：基于科学的数据分析进行用户标签提炼，完成用户画像，定位客观、准确、清晰。

表 2-7 目标用户分析

分析角度	具体特征	用户画像
用户固定属性		
用户路径		
用户场景		

任务2 图文选题策划

任务描述：学生以小组为单位，根据此次图文推广目的和目标用户分析，策划选题，填写选题策划表格，如表 2-8 所示。要求：选择 A 企业的小组，选题要以"双 11"电商大促为背景，助力企业"双 11"营销活动；选择其他项目的小组，可自行确定选题。

表 2-8 选题策划

选题	描述选题	选题原因	选题为用户提供的价值
选题 1			
选题 2			
选题 3			
……			

🔲 **他山之石**

策划优质选题的 5 个技巧

什么是优质选题？优质选题就是有质有量的选题，即质量硬、流量大的选题。如何策划优质选题呢？以下是 5 个策划优质选题的技巧。

1. 选题要戳中用户的普遍痛点

痛点其实是恐惧。很多爆款文章是在写人们的恐惧。例如《人到中年，职场半坡》，这篇文章针对的是人们对中年危机的恐惧。30 多岁的人看到这样的文章会点击阅读，即使 20 多岁的人看到也会忍不住点击，这就是人们的普遍痛点。

2. 选题要引发群体共鸣

群体共鸣可以理解为内容创作者释放的某种情绪让很多人产生了相同的情绪，这些人因情绪共鸣而参与互动。追求的是群体的共鸣，而不是极少数人的共鸣。例如，《中年程序员都在想什么》，这篇文章的核心就是"人到中年的程序员生活不易，但职业初心不变"。这样的文章几乎能引发所有目标用户真正的内心共鸣，而且会让用户积极参与互动。这篇文章

课中实训

的评论区有近千条留言，很多人将文章转发到朋友圈，阅读量超过了 10 万次。所以，策划选题时，要找到群体性的共鸣。

3. 选题要制造身份认同

每个人身上都有很多标签，每一个标签其实是在定义一个群体，这就是身份认同。互联网上，在信息的洪流中，每个人都是孤独的，安全感来源于找到同类。每一次具有身份认同的文章出现，都会成为该群体中人与人之间的连接器，而每一次转发行为，都是在对外释放自己的身份信号，确认自我，连接他人。例如《山东男孩过节回乡指南》《都市职场生存图鉴》等。

4. 选题要借用热点赋能

热点是指同一个时间段内有很多人关注的某一件事。内容创作者之间的竞争本质上是在争夺用户的时间和注意力。那么追热点就是内容创作者追求流量过程中必须做的事情。例如《17 岁追随张勇做服务员，海底捞上市后身价 30 亿元：人这一生，框架重于勤奋》，这篇文章的核心主题"框架重于勤奋"及分论点是作者长期思考的产物。只是当"海底捞上市"这个热点事件出现时，作者意识到，该事件中的人和事是论证自己观点的绝佳案例，所以作者借助热点输出自己的思考成果，并广泛传播。

5. 选题要提供多维度新知

想要创造价值，就要提供新知，新知具体有新知识、新认知、新方法、新材料、新故事、新视角、新形式、新联系、新组合等多种维度。选题如果不能为用户提供新的信息或认知角度，与其他图文内容同质化严重，用户是不会感兴趣点击阅读的。因此，在策划选题时，内容创作者必须从多维度思考，为选题注入新鲜的生命力，如《这些图片你永远不会在历史书上看到》（提供新材料）、《阿里云的这群"疯子"》（提供新故事）。

任务3 图文内容设计

任务描述：学生以小组为单位，通过素材整理及思维发散，找出至少 3 个可写的观点，讨论确定一个核心观点，并采用所学的金字塔结构，理清整体逻辑，完成内容设计大纲，如表 2-9 所示。要求：内容设计突出产品卖点或品牌特性，满足用户需求，条理清晰，有新意。

表 2-9 内容设计大纲

选题	
核心观点	
子观点或案例	简要描述子观点或案例素材，并给出选择理由 1. 2. 3. 4.
金字塔结构	利用金字塔结构，列出核心观点和子观点 / 案例之间的逻辑关系

他山之石

3 种图文写作思维发散方法

在图文创作中，常常需要利用发散思维，从大量素材中寻找可写的观点。下面介绍 3 种实用性很强的思维发散方法：曼陀罗思考法、发散思维树状图、创意表格思考法。

曼陀罗思考法是一种从中心向四周发散的思维方式。例如，以"美食"为例，可以发散出"火锅""西安"等关联词，这些关联词可以成为论证美食的观点；再以"西安"进行发散，可得到另外 8 组关联词；以此延伸，可以得到更多的关联词，如图 2-12 所示。

舌尖上的中国	食谱	妈妈做的菜	秦始皇	历史	兵马俑
营养	美食	火锅	陕西	西安	西安交大
烧烤	小吃	西安	阿房宫	秦腔	丝绸之路

动画视频

曼陀罗思考法

图2-12　曼陀罗思考法案例

发散思维树状图，外观像一棵树，主题是"树根""树杈"和"枝叶"代表具体内容，这种树状图便于归纳和分类。例如，为"天然水源"矿泉水提炼核心观点，可以从"绿色""大自然""水更好喝"等关键词进一步联想到"绿树""森林""甘甜""小清新"等，然后再从这些关键词所形成的意象中提炼一个核心观点，如图 2-13 所示。

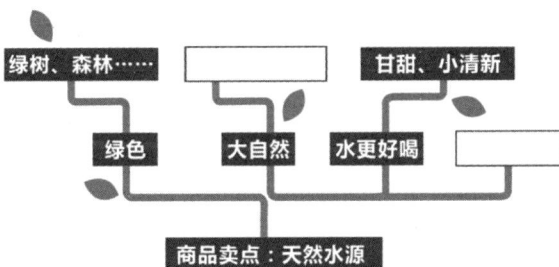

绿树、森林……　　　　甘甜、小清新

绿色　　大自然　　水更好喝

商品卖点：天然水源

图2-13　发散思维树状图案例

创意表格思考法主要从不同的维度进行列举，从而获得无穷尽的创意结果。例如，市面上的饼干有夹心也有单层，有厚也有薄，可把形态上的不同归结为一个维度——结构；然后，对每一个维度尽可能进一步细分，在"口味"维度进一步思考并填写"巧克力""牛奶""草莓"……最后，对不同的维度建立不同的组合，将结构维度中的"夹心""口味"维度中的"巧克力"及造型维度中的"细棒"结合，则成为一款细棒巧克力夹心饼干，如图 2-14 所示。

	结构	口味	造型	颜色	……
1	单层—厚	巧克力	圆	黑	
2	单层—薄	牛奶	方	白	
3	夹心—厚	草莓	细棒	黑白	
4	夹心—薄	香橙	粗棒	三色	
……	……	……	……	……	

图2-14　创意表格思考法案例

任务4 图文推广构思

任务描述：学生以小组为单位，在完成前3个任务的基础上，以思维导图的形式输出本次图文推广构思的整体过程。要求：条理清晰，逻辑自洽，描述精简。

实训三 图文推广内容编辑

任务1 标题拟定

任务描述：学生以小组为单位，根据写作前的内容构思，针对不同的新媒体平台，利用所学的标题技巧，为此次图文设计8个标题，小组通过讨论确定最合适的标题，填写标题拟定表格，如表2-10所示。要求：标题具有吸引力、表现力和引导力，能够吸引用户阅读。

表 2-10 标题拟定

序号	标题内容	新媒体平台	拟定标题的思路
标题 1			
标题 2			
标题 3			
标题 4			
标题 5			
标题 6			
标题 7			
标题 8			
选用标题			

> 📇 **知识拓展**
>
> **写出好标题的9个技巧**
>
> 首先要明确，置内容、分发平台于不顾，割裂地谈论写好标题的"套路"，是一种不负责任的行为。不同新媒体平台对图文标题的偏好是不一样的，需要有针对性地拟定标题。
>
> 好标题具有通用的写作技巧，利用好这些技巧，就可以写出好标题。下面以情感类、时尚娱乐类、生活美食类3个垂直内容领域为例，介绍写出好标题的9个技巧。
>
> 1. 情感类内容
>
> （1）用户本位
>
> 用户本位是指站在用户的角度，说出他们的心里话。用户一看到标题，心中就会出现一些想@的人，这种心理对点击率和转发率非常有利。例如，"有事直说，别问'在吗'"。

（2）挑战常识＋制造二元对立

这类内容的标题往往打破人们的常规认知，无论用户是否认同标题观点，都会产生一探究竟的冲动。例如，"放弃国外 300 倍高薪，用一生让中国领先全球 20 年，梦圆时他却离去……"

（3）悬念＋利益点

这类标题往往利益点明确，让用户明白看完能得到哪些信息，同时制造悬念，吸引用户点击。例如，"个人成长和发展 90% 的问题，都可以在这里找到干货方法论"。

2. 时尚娱乐类内容

事实证明，偏好时尚娱乐类内容的用户喜欢听故事。故事有起伏的情节，有悬念，能满足人的好奇和猎奇心理。所以，具有故事元素的标题更容易吸引用户阅读。

（1）人称代词＋时间轴＋反转

这类标题多以第一人称代词"他/她"打头，按时间顺序讲完这人一生的故事，基本上用户读了后就知道内容的梗概，唯独不知道这人是谁。例如，"她当过幼师、销售，用 6 年坐上冠军王座"。

（2）悬念＋信息阶梯

这类标题通过悬念成功制造出"信息阶梯"，即内容创作者掌握着用户不知道的秘密，从而提高标题的点击率和转发率。例如，"商家绝对不会告诉你的事实：我们用 3 个月测评了 15 款防晒霜后发现……"

3. 生活美食类内容

生活美食类内容的标题可以利用文字描绘出生动诱人的味觉、视觉、触觉、嗅觉感受，营造出感官上的吸引力。

（1）满足多模式感知

"怎样一口吃掉 9 朵玫瑰和 15 朵茉莉"；

"薄如蝉翼的金华火腿，每一口都是时间的味道"。

上述标题中，都是在谈论食物的风味，却没有使用形容味道的形容词，而是使用具象的名词营造画面感，让人印象深刻。

（2）寻找背书

"今年头采的西湖龙井，慈禧太后喝的就是这家的茶"；

"故宫出了条开运红绳，很多名人都在戴"。

上述标题中，历史故事、名人能让标题增加分量。

（3）形而上的提炼

"吃掉一只优秀的小龙虾，就抓住了南京的夏天"；

"只要锅子还在噗噜噗噜，心情就不会 blue blue"。

对很多人而言，吃什么、用什么的关键不仅在食物、器物本身，还在于它们能营造出一种生活氛围，代表一种生活态度。

（4）比较法

"它甜过世界上 99% 的水果，慕斯般口感好迷人"；

"吃过这枚凤梨酥，其他的都是将就"。

通过比较，放大描述对象某一方面的特点，看上去有点夸张，却不觉得太过分，让用户产生进一步了解的欲望。

课中实训

想一想

一个好标题能够促使用户点击阅读，那阅读量高的标题一定是好标题吗？

任务2　开头设计

任务描述：学生以个人为单位，针对不同新媒体平台和推广目的，利用所学的图文开头设计技巧，为此次图文设计 5 个开头，填写开头设计表格，如表 2-11 所示。要求：开头设计有场景感、画面感、代入感，与标题呼应，承上启下。

表 2-11　开头设计

序号	开头内容	设计思路
开头 1		
开头 2		
开头 3		
开头 4		
开头 5		

任务3　正文设计

任务描述：学生以个人为单位，利用所学的图文正文设计知识，撰写正文。要求：紧扣主题、结构清晰、逻辑自洽、语言精简、符合产品／品牌格调和目标用户的阅读习惯。

🧑 **知识拓展**

3 种常见的图文写作结构

1. 时序结构

时序结构常用于梳理故事脉络。用时间线串起的高效表达会让用户感觉思路非常清晰，会跟着内容逐步往下阅读。

但是，按照事件发生的时间顺序写作非常容易写成流水账。因此，文章中要设置恰当的时间标记，时间标记就是事件当中的关键时间节点。写文之前，要先梳理一下事件中有哪些重要节点，可以从起始的节点进行讲述，也可以用倒叙插叙的方式，将重要节点前置。

2. 逻辑结构

SCQA 模型是巴巴拉·明托在《金字塔原理》中提出的一种故事逻辑结构，常见于爆款图文写作，如表 2-12 所示。

表 2-12　SCQA 模型

情景（Situation, S）	背景说明，从用户都熟悉的情景、事实引入
冲突（Conflict, C）	产生矛盾，形成冲突、反差
疑问（Question, Q）	怎么办，如何解决
答案（Answer, A）	观点／结论，给出解决方案

首先，背景说明通常是从用户都熟悉的情景或普遍认同的事实切入，这样既不突兀，也容易让用户产生共鸣和代入感。其次，引出冲突，形成反差，引起用户好奇。再次，产生疑问，根据前面的冲突从对方的角度提出对方关心的问题。最后，针对疑问给出切实可行的解决方案，也给出想要表达的中心思想。

　　3. 情绪结构

情绪结构写作是利用文章情绪完成起承转合，也就是用情绪的共同节点来串联文章。这需要找到内容创作者和用户的情绪共同点，也就是在文章中设置一个燃点。燃点，简单地说就是文章的核心，可以是内容创作者想表达的价值观，也可以是让用户意想不到的内容。燃点通常是文章中的暗线，要注意隐藏，才能在揭晓谜底时让用户产生新奇感。一般文章中设置 3～4 个燃点，开头设置 1 个，用来调动用户情绪；中间设置 1～2 个，用来吸引用户继续阅读；结尾设置 1 个，用来引导用户转发。

课中实训

任务4　结尾设计

任务描述：学生以个人为单位，针对不同平台和推广目的，利用所学的图文结尾设计方法，为此次图文设计 5 个结尾，填写结尾设计表格，如表 2-13 所示。要求：能够突出重点、总结升华，触发用户的互动或转化行为。

表 2-13　结尾设计

序号	结尾内容	设计思路
结尾 1		
结尾 2		
结尾 3		
结尾 4		
结尾 5		

任务5　诊断与修改

任务描述：学生以小组为单位，合作完成图文内容的问题诊断与修改，并将个人图文中的问题及修改后的内容整理到表 2-14 中。要求：从结构、素材、标题、段落、语句等方面，逐字逐句，通篇打磨。

表 2-14　问题诊断与修改

序号	诊断出的问题	修改后的内容
1		
2		
3		

续表

序号	诊断出的问题	修改后的内容
4		
5		
6		

课中实训

👤 知识拓展

智能创作平台：百度智能云一念

百度智能云一念（见图2-15）是基于百度文心大模型打造的内容创作平台，集文、图、视频多种内容模态于一体，旨在助力企业更便捷高效地获取内容创作灵感和营销物料。

图2-15　百度智能云一念

1. 一念成文，激发无限创意文案

个性化生成海量营销文案，支持小红书、抖音、哔哩哔哩等多平台文风，极大地提高在产品推广、活动策划及好物"种草"等内容创作工作中的效率，让你的内容在各大平台脱颖而出。

2. 一念成画，翩跹绘你心中所想

无须专业绘画技能，简单描述即可生成高质量画作，支持30+创意风格，告别复杂的设计流程，零设计经验，轻松创作出独具创意的海报，打破传统的作图方式，让AI带你进入全新的艺术世界，让创意在画布上绽放绚烂光芒。

3. 一念巧思，你的灵感落地助手

打破文、图、视频内容创作壁垒，灵感内容随取随用，引领企业走向内容创作的新方式。提供200多个内容主题、20多种创作辅助工具，让灵感源源不断，让内容创作过程变得更加简单、高效。

4. 一念成片，呈现创意视觉故事

输入文本一键成片，提供丰富版权素材库、创意素材、视频模板样式，让你的视频充满想象力，支持对生成视频进行二次编创，确保成品完美呈现，无须专业剪辑技能，简单操作即可轻松生成独一无二的创意视频。

5. 智能创作，赋能各行各业

案例1：汽车。根据目标受众的内容需求一键生成爆款汽车营销文案、海报，运用AI仿写功能，基于一篇文章批量生成海量个性化软文推广文案，满足多样化的推广需求。全面丰富车企营销内容的产出形式，如汽车产品宣传海报、汽车热点营销文案、车型评测文案等，更简易高效地产出高质量营销推广物料。可产出30多种创意海报风格，50多个汽车营销文案，1万多条热门车型收录。

案例2：金融。涵盖金融热点资讯写作、视频保险计划书生成、理财师数字分身等热点场景，生成式人工智能（AIGC）自动生产基金、股票、理财等金融产品介绍视频，助力金融行业内容生产，例如金融数据图表、视频理财计划书、产品宣发文案，促进用户转化和业务增长。

值得注意的是，虽然当下AI内容生成技术得以飞速发展，但智能写作本身的技术定位是辅助人类做好工作。AI技术所承担的是人类工作中模式化和重复性的内容生产，使得人类可以从烦琐、重复的事务中解放出来，从事更高层次和更有创造性的内容生产。智能写作目前还不能完全替代人类的工作。所以，我们需要考虑的是如何充分地运用智能写作技术提高写作效率，解放自身的创造力，进行更多高质量的深度写作。

课中实训

任务6　排版与发布

任务描述：学生以小组为单位，在新媒体平台（如微信、小红书、抖音、今日头条等）进行图文排版并发布，将发布后的图文信息填写在表2-15中。要求：熟悉新媒体平台图文排版与发布功能，能够按照平台要求及内容风格，完成图文排版，设计封面图片，完成在线发布。

表2-15　图文排版与发布

标题	
网址	
发布后的图文截图	

👤 知识拓展

微信公众号图文排版的基本要求

1. 文字排版

基础的文字排版主要包括设置字体、字号、配色、行间距、字间距、页边距、空格、标题符号等，核心目标是更直观地体现文章的内容逻辑，降低用户的思考成本，为用户提供更好的阅读体验。所以，创作者可以通过上下间隔、左右缩进等方式留白，让用户更加聚焦，也可以通过图片间隔文字，增强文章内容的逻辑性。

此外，在不影响阅读体验的前提下，可以依据账号内容调性和目标用户阅读习惯突出排版的独特个性。统一使用独特的排版，会让粉丝产生亲切感，并熟悉账号风格。无论是在哪个新媒体平台上，有特色的排版都会被粉丝第一时间"认出来"。

好的文字排版可以突出重点，辅助内容，引导用户做出相应的动作，如关注、转发、点赞、购买等。微信公众号可以通过顶部关注、底部引导、文字强调等方式，突出重点，加深用户印象，引导用户行为。

值得注意的是，在排版时要注意避免动态背景、颜色过多、风格不定、样式繁杂等容易引起用户反感的排版问题。

2. 图片排版

图片排版主要涉及正文配图和封面图片。随着短视频的兴起，新媒体头部"大V"对于图片排版越来越重视，对于图片、动图、表情包的运用越来越多，甚至直接将文字内容变成信息长图、漫画等形式。例如微信公众号"有趣青年""不会画出版社""GQ实验室"出品的条漫都非常受欢迎，经常出现传播爆款，值得我们学习。

通常来说，新媒体正文配图的基本要求有以下几点。

① 图片清晰，图文相关。

② 风格统一，不带水印。

③ 间隔合适，大小适中。

微信公众号后台的图文排版功能已经比较完善，并且可以借助第三方编辑器（如秀米、135编辑器等）进行更加专业化的视觉设计。

封面图片主要有纯图片、纯文字及"图片＋文字"3种形式。同样的内容，"图片＋文字"的封面图片阅读量要相对更高。需要注意的是，不论是正文图片还是封面图片，如果要通过互联网搜索，就必须确定找到无版权风险、可商用的高清图片。

今日头条图文排版的基本要求

今日头条图文排版有以下6点基本要求。

① 文章有小标题进行分隔。如果不能加小标题，至少有序号，建议使用头条号后台的标题序号，将序号加粗展示，也可以直接用公众号的图片序号。

② 文章开始有导语引入，结尾有简短的个人简介，加强顶部关注和底部引导。

③ 每部分的重点语句加粗显示，突出重点。

④ 每一部分至少有一张配图，全文至少有3张配图，这样更有利于推荐；但配图不要太多，以致割裂文章内容的连贯性。

⑤ 配图要求像素清晰、大小一致、内容健康、符合主流审美、不侵权。头条号后台也有自己的图库，可供创作者使用。

⑥ 头条号封面图尺寸没有要求，封面可选择3种模式：自动、单图模式、三图模式。"自动"即从图文中随机抓取一张图作为封面图，"单图模式"即上传图片后进行在线裁剪，"三图模式"仅在Wi-Fi环境下显示。

小红书图文笔记排版的基本要求

1. 图片设计

封面作为用户看到的第一张图，第一印象非常重要。图片尽量要设计得足够吸引人，看起来要精美，可以增加一些信息元素，更好地吸引用户的注意力。图片需要高清、无水印、符合个人风格、无商用侵权问题。图片要符合图文内容，同一系列的配图要保持风格一致。

2. 排版设计

（1）表情符号

加入表情符号可以使整篇图文看起来不那么单调。经常使用小红书的人会发现，爆款小红书内容往往会加入表情符号,这样不仅能够让文案变得丰富,还能更好地突出笔记的重点内容,吸引用户的目光。当然不是表情符号越多越好,不要过度花哨。

(2)多用空行

在小红书的笔记当中,每一段的内容不要超过4行。过多内容堆积在一起会带给用户疲惫感和阅读负担,使用空行可以让图文内容看起来更加简洁。

(3)添加标签

在图文的结尾,可以筛选几个关键词,添加上标签,小红书会根据图文标签选择推送给有需要的人,选择合适的标签内容也是十分重要的一步。

(4)保持风格一致

同一个小红书账号的同一类别文章,风格一致;同一级别的文本、大纲排版一致;同一级文本,保持字号、缩进、间距一致;文案要包含关键词、标题、正文3个部分。

突出个人风格,可以将主题色用于标题、关键词句、头像、背景图的引导等,颜色可以选择相似色、对比色。色彩可以代表整体账号风格,要慎重选择,要考虑个人定位、账号风格、主页统一度等。

3. 文字设计

字体和字号少于3种。关于字号,标题不小于80,副标题可以进行改动,要求醒目、清晰。正文30左右,太小会影响观感,导致易读性下降。标注最好选择跟正文同等大小或者比正文小的字。

关于字体颜色,正文要用深色,易读性强(黑白反差除外)。标注色一般选用比正文浅的色,也可以用红、黄等明亮色。注意:标注内容不要过多、过长。

该强调的地方要强调,可以通过字号、字体、引用来区分主次关系,也可以通过表情包、emoji表情来加强,或者使用加粗、倾斜等。除网址、超链接外,其余尽量避免下画线。

关于间距:字间距,Photoshop软件中默认零即可;行间距,可以选择48点左右,很清晰;段间距,一般3~5行为一段,比行间距略大。标题上下的空白间距相同。正文缩进有区分即可,无过多要求。

🔨 法治护航

《互联网广告管理办法》解读:内容营销应当显著标明"广告"

网络意见领袖"种草"推广,在内容平台已经成为一种非常普遍的营销方式。如今很多内容创作者往往基于商业目的,以"种草"为名义进行推广,由于广告标志不清,消费者难以分辨推荐内容是否属于广告,部分品牌方和网络意见领袖存在不规范的营销行为。据艾媒咨询调研数据,有72.4%的消费者表示受过虚假"种草"的影响。"种草"攻略变成营销手段,分享好物的初衷改变。

2023年5月1日起,国家市场监管总局最新修订发布的《互联网广告管理办法》正式施行,其中明确对内容营销、弹窗广告、直播带货等互联网广告形式进行监管规制。其中第九条规定,互联网广告应当具有可识别性,能够使消费者辨明其为广告。除法律、行政法规禁止发布或者变相发布广告的情形外，通过知识介绍、体验分享、消费测评等形式推销商品或者服务，并附加购物链接等购买方式的，广告发布者应当显著标明"广告"。

职场思考

对平台而言，如何高效识别广告内容并进行合规监管？文案策划者该如何把握内容的合规性？

课中实训

实训四　图文推广日常运营

任务　运营数据分析

任务描述：学生以小组为单位，在图文发布后收集相关数据，根据近一周的数据情况，结合账号历史数据，撰写图文运营数据分析报告，如表2-16所示。要求：数据指标选取恰当、分析方法得当、数据呈现清晰、结论可信度高、建议具有参考价值。

表2-16　运营数据分析报告

项目	具体内容	
分析目的		
分析内容		
分析方法		
数据呈现	图文数据：	
	用户数据：	
分析结论		
建议措施		

💾 **他山之石**

微信公众号数据分析

了解微信公众号数据分析，能够帮助运营者更好地运营微信公众号，发现问题，并提升各项运营数据。

1. 用户数据分析

在用户数据分析模块，主要分析的数据是用户增长和用户属性。通过分析用户增长，运营者可了解账号粉丝增长趋势与原因；通过分析用户属性，运营者能更熟悉粉丝情况。

（1）用户增长

运营者需要重点关注新增关注人数，以便准确判断粉丝增长趋势；监测新增关注人数的数据，留意数据的突然变化，并且进行对比分析。

（2）用户属性

用户属性中可以看到粉丝性别、语言、省份、城市、终端、机型等数据，其中最有价值的是男女比例、手机机型。

男女比例数据能够帮助运营者更好地调整发布内容。如果某账号女性比例偏高，那么运营者的风格可以更亲切、可爱、调皮一些，以赢得更多女性粉丝的喜爱。

手机机型数据主要为用户质量分析提供参考。例如某个公众号的粉丝中，苹果机型比安卓机型多，则用户的打赏、购买比例会相对更高。

2. 图文分析

基础数据指标定义如图2-16所示。

送达人数	图文消息群发时，能够送达的人数。
图文页阅读人数	点击图文页的人数，包括非粉丝；阅读来源包括公众号会话、朋友圈、好友转发、历史消息等。
图文页阅读次数	点击图文页的次数，包括非粉丝的点击量；阅读来源包括公众号会话、朋友圈、好友转发、历史消息等。
分享转发人数	转发或分享到朋友、朋友圈、微博的人数，包括非粉丝。
分享转发次数	转发或分享到朋友、朋友圈、微博的次数，包括非粉丝。
微信收藏人数	收藏到微信的人数，包括非粉丝。
原文页阅读人数	点击原文页的人数，包括非粉丝。

图2-16 基础数据指标定义

微信公众号后台的图文分析主要分为单篇图文和全部图文两个部分。

（1）单篇图文

打开单篇图文，运营者能看到最近文章阅读数据的图表。需要注意的是，单篇图文的数据仅统计了图文发出后7天内的累计数据。对于7天以外的数据，运营者可以在首页查到单篇图文的整体数据。

（2）全部图文

单击全部图文，运营者能看到昨日关键指标的4项数据，分别是图文页阅读次数、原文页阅读人数、分享转发人数和微信收藏人数。针对这4项数据，微信公众号提供了以下3种分析。

第一种是按照时间维度，提供最近7天、15天、30天阅读来源分析及趋势图。

第二种是不同时段的趋势对比分析，如选择图文页阅读次数后，任意选择7天、15天、30天，再单击页面右侧的"按时间对比"，即可进行数据对比。

第三种是每日关键指标明细，与之前公众号每日增长的粉丝数据明细一样，支持自定义时间筛选和导出Excel文件。

总之，数据分析最重要的是找出规律，并将规律用于迭代工作。

想一想

请你参考微信公众号数据指标分析，对头条号的后台数据指标进行分析，并就图文内容优化给出建议。

技能训练成效评价 ↓

素质提升测试

序号	素质目标	评价要点	评价结果
1	具备团队合作精神	能够和团队成员协商，发挥个人所长，协调分工，共同完成任务	☆ ☆ ☆ ☆ ☆
2	具备开拓创新思维	能够在图文构思和内容编辑阶段，策划具有新意的选题、内容和表现形式	☆ ☆ ☆ ☆ ☆
3	具备法律法规意识	能够掌握相应的网络广告法律法规与平台内容管理规范，规避敏感词	☆ ☆ ☆ ☆ ☆
4	具备资源整合能力	能够借助网络资源，查找相应的图文素材资源	☆ ☆ ☆ ☆ ☆

能力达成测试

序号	能力目标	评价要点	评价结果
1	能够准确分析目标用户群体	能够根据企业需求，利用用户画像对目标用户进行精准分析	☆ ☆ ☆ ☆ ☆
2	能够撰写爆款图文	能够依据选题原则与技巧，策划出至少3个选题	☆ ☆ ☆ ☆ ☆
		能够熟练运用金字塔结构输出完整清晰的内容设计大纲	
		能够设计出吸引用户的标题、开头、正文内容和结尾	
3	能够利用 AI 工具辅助图文内容创作	熟练掌握 AI 辅助创造工具至少两种，能够选择并合理利用 AI 内容生成工具辅助图文创作	☆ ☆ ☆ ☆ ☆
		能够利用图文编辑器完成排版，图文规范、配比恰当	
4	能够进行图文多平台运营与推广	能够完成图文内容的诊断与修改	☆ ☆ ☆ ☆ ☆
		能够提取用户评论有效信息，反馈用户，优化内容	
		能够对图文内容进行图文数据分析、用户数据分析	

学习总结

通过本项目学习，我掌握了 ＿＿＿＿＿＿＿＿＿＿＿＿＿＿＿＿＿ 知识/方法，锻炼了 ＿＿＿＿＿＿＿＿＿＿＿＿＿＿＿＿＿＿＿＿＿＿＿＿ 技能，和小组同学一起完成了 ＿＿＿＿＿＿＿＿＿＿＿＿＿＿＿ 任务。

本项目学习过程中，我最大的收获是 ＿＿＿＿＿＿＿＿＿＿ ；最大的提升是 ＿＿＿＿＿＿＿＿＿ ；还需要继续努力的方面有 ＿＿＿＿＿＿＿＿＿＿＿ 。

课后提升

案例一 目前常见的AI工具简介

随着ChatGPT的火爆，AI在现实的应用场景越来越多，引起了人们对AI的重视和探讨。除了ChatGPT，还有很多AI工具可以帮助我们提高图文推广效率。作为内容运营人员，我们应该顺应潮流趋势，更好地利用这些AI工具，提高内容创作生产力，解放双手和思维。下面分别从内容生成、图片生成、影音生成、运营辅助4个方面，为大家推荐一些适用的AI工具。

1. 内容生成工具

优质的内容是与用户建立信任、促进转化的重要手段。利用AI工具可以极大地提高内容创造的效率和质量。例如，AI工具可以帮助完成公众号推文写作、IP搭建、社群话术生成、营销活动文案设计等任务，甚至还可以设计裂变活动方案。另外，AI工具也可以当作聊天工具，在社群或社区中解决部分用户的问题。

① ChatGPT。ChatGPT是目前使用范围最广的AI工具，需要配置网络环境，3.5版是免费的，4.0版需要另外付费。

② 讯飞星火认知大模型。它是科大讯飞推出的语言模型，擅长知识问题、逻辑推理，具备数学能力，用户通过申请后可免费使用。

③ Verse。Verse是印象笔记推出的AI写作工具，能帮助写作文档、记录笔记与灵感、整理碎片信息、制作工作和生活看板，可免费使用。

④ 秘塔写作猫。秘塔写作猫是功能较全的一款AI工具，集AI写作、多人协作、改写润色、自动配图等功能于一体，可免费使用，付费功能更齐全。

2. 图片生成工具

在图文推广中，图片也至关重要。例如，活动海报、产品宣传图片及相关内容分享配图等。有时候运营者在制作或寻找免费的图片时需要花费大量的时间，哪怕企业有设计师，整个流程也会十分烦琐冗长。现在，这些问题都可以交给AI工具来完成。AI工具不仅出图效率高，而且图片数量还多，总有一张能满足需求。

① Midjourney。Midjourney是目前最强的AI绘画工具，需要配置网络环境，有免费出图次数，之后需付费使用。

② Vega AI。Vega AI是绘画平台，支持文生图、图生图等功能，操作简单，可免费使用。

③ 文心一格。文心一格是百度出品的AI绘画工具，需要付费使用。图2-17所示为文心一格的AI创作页面。

④ AI改图神器。AI改图神器是可在线使用的万能图片编辑工具，能实现格式转换、批量压缩、添加水印等功能，可免费使用。

3. 影音生成工具

目前短视频已成为一种主流的内容推广形式。市场营销做得好的企业通常都会投入大量精力在视频内容上，通过优质的内容为自己的私域引流。我们可以借助AI工具快速生成视频内容，不仅可以自动剪辑编辑，还可以根据文本指示自动生成视频、音频内容，提高内容产出效率。

① 一帧秒创。一帧秒创可实现视频文案帮写、图文转视频、AI 作画等功能，有免费使用时长，过后需开通会员。图 2-18 所示为一帧秒创的图文转视频页面。

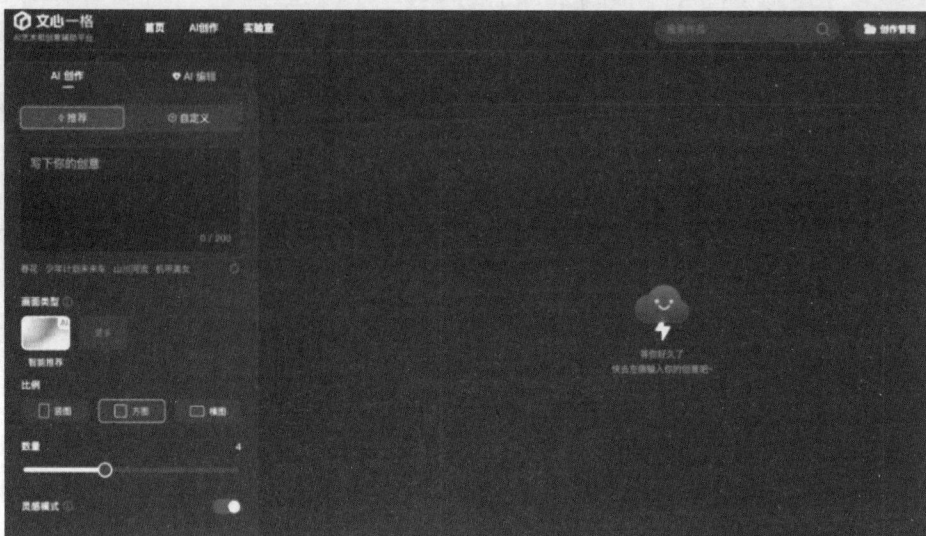

图2-17　文心一格的AI创作页面

图2-18　一帧秒创的图文转视频页面

② 度加创作工具。度加创作工具是百度官方出品的 AIGC 创作平台，支持图文成片 / 文字成片、AI 笔记（智能图文生成）、AI 数字人等功能，可免费使用。

4．运营辅助工具

想要高效运营，除了写文案、策划活动，还需要大量做规划、建立 SOP 及分析数据等。所以，运营者可以借助办公类的 AI 工具，快速提高效率。

① 阿里通义听悟。它是阿里云推出的语言模型，可实现语音转文字、音频转文字等功能。

② 美图 AI PPT。它是美图秀秀推出的在线 AI 生成 PPT 设计工具，可免费使用。

③ GPTExcel。GPTExcel 可生成和解释 Excel 和 Google 表格公式的 AI 工具，可免费使用。

④ 博思白板。AI 自动生成文字和思维导图，可免费使用。

⑤ AI 帮个忙。AI 帮个忙是个基于 AI 的多功能在线工具箱，可以根据我们的需求，自动生成所需内容。

创新思考

你认为 AI 工具会代替人工内容创作吗？相比较而言，AI 工具有什么优势？有哪些不足？

案例二　解读新媒体内容创作乱象，树立清朗网络新风象

与其他传统行业较为成熟的商业环境和规则相比，新媒体行业具有更加多变、灵活和自由的特点，但也正因如此，新媒体内容创作乱象丛生。虽然随着《互联网广告管理办法》和《电子商务法》的实施，这些现象在一定程度上有所改善，但新媒体文案在写作初衷、创作核心和发表过程中仍存在一些待解决和待整改的问题。

（1）社会主义核心价值观缺失

由于互联网的开放性，个别企业为了抖机灵、博眼球，发布的文案带有明显的调侃、讽刺等意味，极易触及社会道德底线。"负面广告 + 道歉"的模式甚至被当作一种营销手段。由于网络传播的迅速性和广泛性，新媒体文案一旦触碰了道德底线，不仅宣传无效，甚至会损害品牌形象和企业声誉。负面广告对商家及消费者所造成的负面影响都是不可逆的，同时也与社会主义核心价值观背道而驰。

（2）职业道德欠缺

目前，有些电商平台或商家为凸显自身的竞争优势，获得竞争利益，在商品文案写作时运用虚假的负面信息恶意贬低竞争对手，诋毁他人商誉，侵犯他人商誉权。这种现象的产生源于文案人员职业道德的缺失。文案写作本应根据企业文化、产品特点及优势，结合消费者痛点进行正面策划，而不该是通过捏造、散布不实消息等不正当竞争手段来凸显自己产品的优势。靠着贬低他人的品牌及商品去削弱其市场竞争力，实现短暂的利益最大化，这种行为不仅会给其他商家造成伤害，还会严重干扰广大消费者的正确判断，给顾客带来一定损失。

（3）法治意识淡薄

文案创作者应该认识到抄袭是一种窃取他人智慧成果的行为，属于违法行为。一味地抄袭使得文案很难有亮点，无法突出自身产品优势，很难获得广大消费者的长久认可。还有部分文案，创作者为了"看点"插入艺人的照片，在未经对方允许的情况下想要借助其影响力宣传自己的商品，以获取更多流量。这种做法实际已构成侵犯他人肖像权等违法行为，轻则对方要求创作者删除文案内容，重则创作者将面临对方的起诉，给予对方相应赔偿。这对商家也会造成一定负面影响，大大破坏企业品牌及其产品在消费者心中的形象，得不偿失。

（4）诚信意识不足

随着行业的快速发展，平台之间、商家之间的竞争日趋激烈。个别平台或商家为了更快速地扩大销售、抢占市场份额、争取最大利润，在文案写作初衷、创作核心上存在偏差，诚信意识不足。有些文案内容为了能够博人眼球，进行假大空的口号式虚假宣传，例如，只要提到产品销量，就是行业领先、行业销量第一；提到品牌，就是全球知名畅销品牌、风靡全球、劲销

欧美；说到企业，就是行业领导者、行业创导者、引领者等。诚信是企业之本，如果为了追逐利益而忘记初心，不讲诚信，就会本末倒置。

文案创作者的工作能力及职业素养决定着文案优秀与否。文案创作者不仅要胜任工作职责，还要具备爱国爱党、爱岗敬业、诚信友善等职业道德素养，树立积极正面的营销意识和行业竞争观，倡导文案内容积极向上，传播社会正能量。

创新思考

网络传播的特色是什么？为什么新媒体行业"树立清朗网络新风象"尤为重要？

课后提升

项目三

短视频推广

在快节奏的移动互联网时代，随着智能手机的普及和移动网络技术的发展，短视频已经成为网民的"新宠"。在短视频、新媒体平台层出不穷的背景下，要想利用好短视频营销这种新模式宣传品牌、推广产品或服务，需要我们深入学习相关技能。本项目引导学生树立文化自信，利用所学的短视频推广知识技能讲好中国故事、传播好中国声音，展现可信、可爱、可敬的中国形象，让我们一起探索短视频推广。

教学目标 ↓

◢ 素养目标

1. 具备创新思维，能够在短视频策划与设计阶段，提出创新的选题与内容构思
2. 具备法律法规意识，熟悉相关的法律法规及平台管理规范，规避违规操作
3. 具备正确的价值观，能够运用短视频讲好中国故事、传播好中国声音
4. 具备诚实守信的品质，在短视频推广中实事求是宣传产品，不造假不夸大

◢ 知识目标

1. 了解短视频的概念及分类
2. 掌握短视频脚本的主要类型
3. 了解短视频拍摄的器材和设备
4. 了解短视频制作的常用软件
5. 掌握短视频推广方式

◢ 能力目标

1. 能够根据企业目标与要求，撰写短视频策划运营方案
2. 能够结合企业品牌和产品特性，撰写短视频分镜脚本
3. 能够熟练利用拍摄器材和设备，完成短视频拍摄
4. 能够运用剪辑工具进行简单的短视频制作
5. 能够根据目标用户及产品特性，进行短视频的运营推广

思维导图 ↓

项目三　短视频推广

课前自学

一、认知短视频
- 1. 什么是短视频
- 2. 短视频分类
- 3. 短视频的优势

二、短视频策划
- 1. 短视频账号定位
- 2. 短视频账号搭建
- 3. 短视频内容策划
- 4. 短视频脚本撰写

三、短视频拍摄
- 1. 短视频拍摄的器材和设备
- 2. 短视频构图元素
- 3. 短视频构图方法
- 4. 短视频景别设计
- 5. 短视频光线位置
- 6. 短视频运镜技巧

四、短视频制作
- 1. 短视频剪辑思维
- 2. 短视频背景音乐
- 3. 短视频字幕制作
- 4. 短视频转场效果
- 5. 常用短视频制作软件

五、短视频运营推广
- 1. 短视频平台推广
- 2. 短视频商业变现
- 3. 短视频用户运营
- 4. 短视频数据分析

课中实训

实训一　短视频认知
- 任务1 短视频主流平台分析
- 任务2 热点短视频分析

实训二　短视频策划与设计
- 任务1 短视频内容策划
- 任务2 短视频内容设计

实训三　短视频拍摄与制作
- 任务1 短视频脚本撰写
- 任务2 短视频拍摄准备
- 任务3 短视频制作

实训四　短视频运营推广
- 任务1 短视频发布设置
- 任务2 短视频推广
- 任务3 短视频数据分析

课后提升

- 案例一　用好5A人群资产策略，实现用户可持续增长
- 案例二　短视频创作避踩坑，传播网络正能量

学习计划 ↓

● 素养提升计划

_____

_____

● 知识学习计划

_____

_____

● 能力训练计划

_____

_____

博古通今

优秀传统文化短视频何以"破圈"传播

优秀传统文化正搭乘短视频的东风，加速"破圈"，真正"飞入寻常百姓家"，使得大众通过掌上小屏就可感受到传统文化的魅力。传统文化为什么能通过短视频实现"以文化人"，获得众多人的青睐？

故事成为传播传统价值观的重要载体。传统文化类短视频通过故事情节所传递的价值观念，不断引导当代年轻人树立正确的人生观。例如定位于"中国式的热血与浪漫"的某视频账号主打"国风+剧情+特效变装"，通过梳理我国历史上的人物形象，在主人公与其所扮演的孙悟空、关羽、赵云等角色之间的联结中，传播自强不息、重义轻利、家国情怀等传统价值观，从而在互联网上获得了众多年轻群体的青睐与追捧。正如一位用户评论道："希望总要被燃起，给每一个努力的人加油！"再如央视系列短视频《如果国宝会说话》，每集5分钟时间，介绍每一件国宝背后的故事。

传统文化类短视频将传统价值观寄托于每一则生动的故事里，在这样的"对话"中拉近了沉淀上千年的文物与年轻观众的心理距离，实现传统文化的"软着陆"。

古为今用

结合以上案例，请分析优秀传统文化短视频"破圈"传播的原因有哪些？哪些传统文化令你感到骄傲、自豪？作为新媒体从业人员，你是否有义务弘扬中华优秀传统文化？

课前自学

一、认知短视频

1. 什么是短视频

随着移动终端的普及及信息技术的不断发展，短视频凭借"短、平、快"的大流量传播方式成为当下炙手可热的产品及营销载体，正迅速抢占人们获取信息的入口和碎片化时间，逐步渗透至网民的生活全场景。

短视频即短片视频，是一种互联网内容传播载体，一般是在互联网新媒体上传播的时长在5分钟以内的视频。短视频的内容融合了技能分享、幽默搞笑、时尚潮流、社会热点、街头采访、公益教育和广告创意等主题。由于内容较短，可以单独成片，也可以成为系列栏目。

微课视频

1分钟读懂短视频营销

短视频的萌芽时期通常被认为是2013年以前，2012年11月快手逐渐转型为短视频社交平台。短视频的探索时期是2013—2015年，以美拍、微视、秒拍和小咖秀为代表的短视频平台逐渐进入公众的视野，被广大用户接受。短视频的分水岭时期是2016年，以抖音短视频和西瓜视频为代表的短视频平台都在这一时期上线。短视频的发展时期主要是2017年，短视频市场规模达到57.3亿元，同比增长183.9%，这一年被称为短视频爆发元年。短视频的成熟时期是从 2018 年至今，国内短视频赛道逐步形成抖音与快手"双王称霸"的格局。2019 年年末，国内互联网 MCN 机构近 6700 家，超过 60% 入驻短视频平台，成为短视频平台高质量内容的生产者。第 53 次《中国互联网络发展状况统计报告》中指出，截至 2023 年 12 月，我国网民规模达 10.92 亿人，互联网普及率达 77.5%。其中，短视频用户规模为 10.53 亿人，占网民整体的96.4%。随着行业的发展，短视频内容不断丰富，带动用户规模增长和黏性增强，成为移动互联网时代流量增量的重要来源。

2．短视频分类

（1）PGC 短视频

专业生产内容（Professional Generated Content，PGC），即由专家或专业机构进行内容的生产，具备专业的内容生产能力，能够保证内容的专业性。PGC 主要为原创内容，更注重版权与内容的稀缺性，保证内容价值与竞争力。主要形式有音频课程、视频课程、专业网站的新闻内容、在线教育平台课程等。例如，知识付费平台"得到"的课程内容。

（2）UGC 短视频

用户生产内容（User Generated Content，UGC），即用户自己创作内容，然后上传、发布到互联网上，与其他用户分享。这类短视频由用户独立创作，制作门槛较低，内容个性化，传播比较广泛，发布的用户多为普通大众。

（3）PUGC 短视频

专业用户生产内容（Professional User Generated Content，PUGC），即以 UGC 形式长处的相对接近 PGC 的专业内容。PUGC 短视频集合了 UGC、PGC 的双重优势，不仅有 UGC 的内容广度，还能通过专业化的内容，更好地吸引、沉淀用户。代表平台如喜马拉雅 FM。

3．短视频的优势

短视频为什么这么火爆？什么特点吸引了众多用户呢？短视频之所以受到用户的青睐，尤其是年轻人的喜爱，正是基于以下 3 点优势。

（1）短小精悍，内容有趣

短视频适合在移动端播放，时长一般在 15 秒到 5 分钟。相对于文字、图片来说，短视频能够带给用户更好的视觉体验，也更生动形象。因时间有限，短视频展示出来的内容往往是核心部分，也符合用户碎片化的阅读习惯。在快速的生活节奏下，用户放松和娱乐的时间缩短，短视频充分利用用户的零碎时间来传播信息，同时也加快了信息的传播速度。

（2）互动性强，社交黏度高

用户可以将短视频分享至各社交平台，应用中的点赞、评论、分享等功能可以实现用户的单向、双向、多向互动。短视频传播信息的能力强、范围广、交互性强，为用户提供了创作的空间，增加了社交黏度。

（3）制作门槛低，原创为主

随着短视频的兴起，部分"草根"短视频创作者火了起来。传统视频生产与传播成本较高，而短视频大大降低了生产传播的门槛，即拍即传，随时分享，实现了制作方式的简单化，一部手机就可以完成拍摄、制作、上传、分享。目前短视频软件还添加了滤镜、特效等功能，制作过程更加简单，功能简单易懂。

与图片、文字和声音相比，短视频的表现方式更加直观，具有视觉冲击力，能展现更加生动和丰富的内容。与长视频相比，短视频节奏快，能满足用户碎片化的信息需求，而且具备极强的社交属性。与直播相比，短视频具备更强的传播性，能够更长时间地传播和分享。这些都是短视频能够迅速获得用户认可和喜爱的原因。

想一想

短视频平台作为新媒体平台为什么爆发增长？它有哪些优势？

二、短视频策划

想一想

（1）短视频制作与传统媒体视频制作一样吗？

（2）你最近关注过哪些热点短视频？它们有什么共同属性？

（3）你认为爆款短视频是如何产生的？

微课视频

短视频内容定位及策划

1．短视频账号定位

当下主流短视频平台已经从"野蛮生长"走向精细化发展，定位准确、条理清晰、创意新颖的短视频内容更容易赢得用户的好感。对于短视频运营者来说，短视频内容策划首先需要做好的是短视频账号定位，这样才能达成更加精准、高效的运营效果。短视频账号定位主要包括短视频用户定位、短视频价值定位、短视频内容定位3个方面。

（1）短视频用户定位

营销推广的核心作用是将产品与目标用户联系起来。短视频创作前一定要确定"对谁说""说什么""在哪说"，这就是用户定位。明确目标用户，确定用户的精准需求，就需要构建用户画像。这里，我们可以利用项目一所介绍的用户调研的方法进行用户画像构建。通过收集用户基本信息、归纳用户的特征属性、整理用户画像、推测用户的需求4个步骤从而明确短视频账号的目标用户。

（2）短视频价值定位

在洞察了目标用户群体后，接下来需要明确短视频账号的价值定位。价值定位是指在了解用户需求后，确定如何提供响应每一细分用户群体独特偏好的产品或服务的筹划。基于短视频平台内容分析，短视频可提供的内容价值可分为功能价值、体验价值、信息价值和文化价值。

① 功能价值。功能价值指短视频账号提供的产品或服务中，用于满足用户某种使用需要的基本属性。用户通常看重的是产品或服务的某种功能，获得的是一种标准化的有形产品或无形服务。这是一种最基本的功能价值。

② 体验价值。体验价值指短视频账号根据用户的个性化需求提供的体验。事实上，体验是当一个人达到情绪、体力甚至是精神的某特定水平时，其意识中产生的美好感觉。

③ 信息价值。信息价值指用户在购买或使用某种产品或服务时，短视频账号能够向其传递某种信息，从而产生的价值。

④ 文化价值。文化价值指产品或服务中包含的能够为用户带来归属感的某种文化属性。

（3）短视频内容定位

一般来说，短视频呈现主要有图文展示类短视频、知识分享类短视频、解说类短视频、情景短剧、Vlog、搞笑类短视频、正能量类短视频等多种内容形式和方向。

① 图文展示类短视频。这类短视频一般是一张图片加上要表达的文字，有的也会出现与内容有关的人物。这种展现形式最为简单，基本上不需要视频拍摄和后期制作。不过，这种展示形式的短视频相当于内容搬运，账号人设不突出，不容易吸引流量。

② 知识分享类短视频。这类短视频的关键点是内容要有"干货"。这里的"干货"是指精练、实用、可信的内容。知识分享类短视频具备较强的实用性，能够给用户带来足够多的价值，所以通常很容易受到用户关注。例如，化妆知识、美容技巧、减肥技巧、生活小妙招和健康常识等。

③ 解说类短视频。这类短视频一般是短视频创作者对影视作品的解说。在制作这类视频时，短视频创作者只要提前找好想要解说的视频素材，将剧情片段与解说内容对应，并添加字幕即可。虽然这类形式的短视频很受用户欢迎，但目前这类内容大多千篇一律，很容易同质化，用户的互动意愿明显降低。

④ 情景短剧。情景短剧通过短视频中人物的表演把中心思想传达给用户。剧情对主题和情节有着较高的要求，所以短视频创作者要提前准备文案脚本，拍摄和制作也会比其他形式短视频复杂。不过，情景短剧对用户的吸引力比较大，"吸粉"效果很好。情景短剧目前最常见的形式是系列短剧，能吸引用户持续关注。

⑤ Vlog。短视频创作者以影像代替文字或照片，创作个人日志，并上传到短视频平台分享给网友。这种形式的短视频重在记录生活，通过自然、真实的方式来展示日常生活，具有很强的生活气息，受到很多用户喜爱，例如农村生活、旅游见闻、日常工作和生活等。

⑥ 搞笑类短视频。搞笑类短视频主要是通过反转和冲突形成幽默感，带给用户快乐，所以较受欢迎，例如搞笑段子、搞笑剧情故事等。

⑦ 正能量类短视频。正能量类短视频能够唤起用户内心的正义和积极的情感，引发情感共鸣，从而得到大量点赞和转发，例如社会公益、好人好事等。

2．短视频账号搭建

短视频账号的设置在很大程度上会对粉丝数、播放量、点赞数、转发量等有很大的影响。

完善的账号设置会给用户留下良好的第一印象。因此，我们可以从账号名称、账号头像、账号简介、主页封面4个方面对账号进行精心包装，使短视频账号更加具有吸引力。

（1）账号名称

一个信息描述准确、有代表性的账号名称能够大大降低用户对账号的认知成本，吸引更多的流量。

（2）账号头像

头像是短视频账号的视觉标识。一个好的头像要符合账号身份特征、图像清晰美观、与内容有很强的关联性。

（3）账号简介

账号简介又称个性签名，即对账号的简单介绍。短视频的账号简介可以让用户更加明白短视频的内容方向、定位与业务范围，是用户决定是否关注账号的关键因素之一。

（4）主页封面

主页封面在个人主页顶部最显眼的位置，是一个非常不错的、可以更好展示账号的地方。可以把昵称和简介中没有体现的关键信息设计到主页封面中。

> **知识拓展**

短视频账号精心搭建，给用户留下良好第一印象

1. 账号名称

短视频账号名称该如何设置呢？

① 简洁易记。好的名字不需要用户刻意去留意就能记住，例如小米，用户看一遍就能记住。所以账号名中不要用生僻词，这不仅便于用户记忆，还为账号后期品牌植入和推广奠定基础。

② 通俗易懂。好的名字永远是通俗易懂的。我们可以借助职业、时间、人群等关键词让用户明白短视频的内容主要是什么。例如"每天学点心理学"等看名字就知道这些是学习类的账号；"白医生说健康""剪辑师小吴"等看名字就能知道职业是什么；"十点读书""睡前故事"等名字都体现了某个明确的时间段和内容，这样用户就能根据自己的需求去选择。

③ 方便传播。这是为了方便用户在向他人推荐时能快速准确地说出账号名称。所以在起账号名称时，必须降低传播成本，不能给用户增加理解负担和抬高传播门槛。

④ 遵循平台规范。设置企业账户名称时候应注意，不得以个人化的账号名认证企业账号，如"×××董事长""×××公司 CEO"，也不能使用系统默认或无意义的账号名称。如果账号名称要体现特定内容，运营者需要提供认证信息及其他拓展资料。如果账号名称涉及品牌及商标，运营者应提供商标注册证。

2. 账号头像

以下介绍几种常见的头像设置方法。

① 使用真人头像。真人头像可以让用户直观地看到人物形象，有利于增加信任感。

② 使用图文 Logo 做头像。用图文 Logo 头像可以明确短视频的内容方向，有利于强化品牌形象。

③ 使用动画角色做头像。用短视频中的动画角色做头像有助于强化角色形象。

④ 使用账号名做头像。这种头像比较简洁，但是也需要一些设计感，以便更好地吸引用户。

⑤ 使用企业 Logo 做头像。企业账号一般可以用品牌 Logo 作为账号头像，以提高品牌辨识度。

3. 账号简介

账号简介可以让用户对账号有更加明晰的深入认知，也可以让用户更明确账号的定位与内容。一般来说，短视频账号简介有以下类型。

① 表明身份。例如，"飞碟说"的账号简介为"知识百科类视频新媒体"。

② 表明领域。例如，"蜗牛保险"的账号简介为"没有套路，只为你买对保险"。

③ 表明理念和态度。例如，"雅诗兰黛"的账号简介为"成就女性优雅自信"。

账号简介中除了文字介绍外，有的还会留下联系电话，或者留有查看地址、官网主页、查看门店等链接，用户点击链接即可进入相关的详细介绍页面。

4. 主页封面

主页封面的尺寸要符合平台要求，例如平台要求封面的尺寸是 750 像素 ×422 像素，因为上下有留白，背景墙有不可侵犯的区域，所以推荐使用安全尺寸 750 像素 ×315 像素。

博古通今

短视频承载文化记忆：心心相通的情感共鸣

当下短视频的普及改变了传统文化的审美主体，呈现出大众性的特点。传统文化类短视频的创作者围绕这一特点，将耳熟能详的故事融入大众化的体验之中，确保创作者对传统文化的编码与用户对其的转码一致，在最广的范围内引起用户的共鸣。

在时间层面上，传统文化类短视频把过去与现在相连，将过往的经验与记忆以短视频的形式记录下来，在当下不断触动用户的情绪，引起用户的回忆，并引导用户重新关注在现代化发展过程中被逐渐淡忘的传统文化。如过年系列短视频展现的是炸蛋酥花生、缝制新衣、制作糖葫芦和糖画等过年细节，这些是每个人的儿时经历，视频产生了现象级的传播效果。

在社会层面上，传统文化类短视频的叙事与当下传播社会大众共同经历相结合，构造出一个具有共同经验的意义空间，并通过角色、情节等来影响用户的情绪，拉近用户与用户、用户与短视频创作者之间的心理距离，达到共情效果。例如《好彩无借力，何以落九天》短视频中，主人公因不想当"没人看的里子"而放弃敲鼓，后又为传承舞狮文化而回归敲鼓，最终实现舞狮变装。也正是因为主人公坚持做热爱的事，使用户将"我"投射到短视频的内容之中，从而产生了共情，实现了有效传播和意义传达。

古为今用

如果让你来创建一个传播传统文化的短视频账号，你将如何进行账号定位、内容定位？如何平衡短视频内容的商业价值与社会价值？

3. 短视频内容策划

运营短视频账号，内容是核心着力点。从长期来看，要想做好短视频，短视频创作者要做好内容策划，找对内容方向，这样才更容易创作出精品，吸引精准用户的关注，进而增强用户的黏性。

（1）短视频内容基本要素

① 短视频内容。短视频内容需要提前做好策划，撰写脚本。对于新手来说，前期可以多研究目前平台上比较热门的短视频，总结爆款短视频在内容上的共同点。一般来说，热门短视频通常具备以下几点特征：内容结构紧凑，情感激发到位，引发用户身份认同，设置情节冲突或反转，加入最新热门话题和配乐，设置话题引发争议评论等。

动画视频

短视频策划的
基本要素

② 短视频封面。短视频封面又称头图，是用户第一眼看到的内容。一个好看的短视频封面会让用户打开观看的欲望更加强烈，从而增加短视频点击率。

③ 短视频标题。同短视频封面一样，标题是给到用户的第一印象。在拟定短视频标题时可以组合使用多种标题拟定技巧，如设置疑问、关联热点、借势名人、巧用数字等，通过标题引起用户注意，吸引用户点击短视频。

④ 短视频标签。热门标签自带热度，是短视频重要的天然流量入口。尽量使用目前平台热门的主流标签，这样用户才有机会搜索并看到你的视频。例如，使用平台活动的官方标签，如

"双 11""6·18"等。

⑤ 短视频简介。短视频简介可以引发评论、点赞、互动、转发，还可以 @ 某个特定的账号，实现账号联动。

⑥ 地址定位。不同的发布地点，启动播放量不一样。例如"网红"地标，自带大量的流量。地点会带来身份认同和线下偶遇的情感激发，因此地点本身也是流量的一个重要入口。

⑦ 投放时间。不同的投放时间，启动播放量也不一样。投放时间要根据目标用户群体的网络行为习惯来设定，例如年轻妈妈群体，白天上班，晚上回家照顾孩子，基本没有时间看手机，上网的时间一般在晚上 9 点以后。

⑧ 评论互动。现在很多用户看完视频后，更喜欢看下方留言区里的评论，评论可以二次打开页面，也可以带来转发。评论互动也是平台评估短视频内容质量的重要数据指标。

练一练

在任一短视频平台找几个短视频，分析短视频的标签、封面、字幕、评论等是如何策划的。

（2）短视频内容策划原则

如何策划短视频内容才能取得好的推广效果呢？请记住以下 4 种内容策划的原则。

① 价值输出。价值输出是指要让用户感觉短视频内容对自己是有价值的，也就是说，用户通过观看短视频能够有所收获，例如获得感受、知识等。价值决定流量，价值输出是用户喜欢看短视频的原动力。

② 情感共鸣。情感性是影响用户选择观看短视频的关键因素之一。在用户特别感兴趣的短视频类型中，带有感动、搞笑、励志、震撼、治愈等情感元素的内容能够激发用户的情感共鸣。

③ 关注热点。借势热点保证流量。热点视频、热点话题、热门音乐等都是可以借势的自然流量。

④ 增强互动。选择互动性强的话题，有意识地引导用户评论或"吐槽"，有助于提高账号内容活跃度。

（3）短视频内容创作方法

SEVA 是一种常用且有效的短视频内容创作方法。SEVA 以"种草"逻辑为核心，S 代表 Scene，是指场景关联；E 代表 Emotion，是指情绪调动；V 代表 Value，是指价值传递；A 代表 Action，是指行动指令。利用 SEVA 创作短视频内容可以分为 4 个阶段：通过场景关联吸引目标用户；情绪调动引起用户共鸣；价值传递有效"种草"；行动指令完成转化，最终实现品效合一的内容创作与传播。

① 场景关联。短视频内容一般是前 3 秒的场景切入话题，切中需求和痛点，吸引目标用户停留观看，同时也对非目标用户进行劝退。如果用户是在前 3 秒左右流失的，那么这属于正常流失。如果 3 秒后还在大量流失，那么大多数是因为场景关联吸引了非目标用户，造成了无效人群的延迟流失。因此，场景关联的策略会直接影响吸引用户的质量。

② 情绪调动。在第一阶段前 3 秒场景切入后，目标用户被吸引，产生了继续往下看的兴趣，那么就进入"情绪调动"阶段，这一阶段大约 5 ～ 10 秒，要实现的就是强烈调动起目标用户的情绪。目标用户情绪越强烈，对内容产生的共鸣就越强，这对下一阶段产品"种草"起到至关重要的作用。在这一阶段中，目标用户一般有 5 种情绪需求，即痛点需求、威胁需求、好奇需

求、信任需求、精神需求。通过调动这 5 种情绪需求，激发用户对内容产生强烈的情绪共鸣，增强吸引或信任，引发用户进一步的关注。

③ 价值传递。

第三阶段"价值传递"该解决问题了。价值传递有 4 个要素：需求引导、核心卖点、信任举证、效果演示。

第一要素：需求引导。要直击用户需求痛点，要让用户意识到问题，以及解决什么问题。

第二要素：核心卖点。首先要找到产品的差异点，产品的优势在哪里，要让用户相信你的产品比别人的好。核心卖点一定要抓住人心，直击痛点，辅助卖点则是继续加持核心卖点的优势。

第三要素：信任举证。通过企业背书、成分背书、科技专利等证明卖点的真实性，要证明你说的没错，没有欺骗用户，让用户选择相信你。信任举证最终的目的还是加持核心卖点。

第四要素：效果演示。即时演示产品效果，要让用户感觉能体验到产品。演示验证，放大期望。

④ 行动指令。

在第三阶段价值传递完成后，适时发出行动指令，让心动变成行动。这就进入"行动指令"阶段。通过信任背书、产品指引、促销优惠、暗示等行为，发送行动指令引导用户消费，完成最后的转化。

练一练

请你在任一短视频平台找到一条"种草"短视频，尝试利用 SEVA 方法论进行短视频内容分析。

4．短视频脚本撰写

短视频最大的特点就是短，将主题浓缩在小部分时间里，既要保证主题鲜明，又要做到内容精简。所以在制作短视频时，前期的脚本策划是很重要的一项工作。通常来说，短视频的脚本分为拍摄提纲、分镜头脚本和文学脚本 3 种类型。

动画视频

什么是短视频
脚本

（1）拍摄提纲

拍摄提纲是指短视频拍摄要点，只对拍摄内容起到提示作用，适用于一些不易掌握和预测的内容。拍摄提纲的写作一般包括以下 6 个步骤。

① 明确短视频的选题、立意和创作方向，确定创作目标。

② 呈现选题的角度和切入点。

③ 阐述不同体裁短视频的表现技巧和创作手法。

④ 阐述短视频的构图、光线和节奏。

⑤ 详细呈现场景的转换、结构、视角和主题。

⑥ 完善细节，补充剪辑、音乐、解说、配音等内容。

（2）分镜头脚本

分镜头脚本是一种较为细致的脚本。每个分镜头脚本的写作会将短视频中的每一个画面都体现出来，包括对镜头的要求也会写出来。所以前期创作分镜头脚本耗时、耗力且较为复杂。但分镜头脚本因为对特殊选景、美术道具、演员表演走位等各方面都进行了定制化要求，所以后期拍摄的画面和要求很高，更适合类似于微电影的短视频拍摄。

分镜头脚本既是前期拍摄的依据，又是后期制作的依据，同时可以作为视频长度和经费预算的参考。分镜头脚本主要包括镜号、分镜头长度、画面、景别、人物、台词等内容，具体内容根据情节而定。分镜头脚本在一定程度上已经是"可视化"影像了，可以帮助制作团队最大程度地还原创作者的初衷，因此分镜头脚本适用于故事性强的短视频。如表3-1所示为某甜点食品短视频分镜头脚本。

表 3-1 某甜点食品短视频分镜头脚本

镜号	景别	画面内容及说明	拍摄手法	拍摄角度	拍摄时长	旁白（音乐）
1	远景	城市早晨的日出景象	延时摄影	俯拍	2.5秒	背景音乐响起
2	全景	人物刚起床，背靠床头，伸懒腰、打哈欠	固定镜头	平拍正面	4.7秒	音乐音量降低，播放旁白：在每一个清晨或者午后，褪去沉沉的睡意
3	特写	人物手部打字动作	固定镜头	平拍斜侧面	2.5秒	或推开繁重的工作
4	全景	茶几上摆放甜点，人物坐在沙发上翻阅图书	平移运境	俯拍斜侧面	2.2秒	只为这一刻的香甜
5	特写	人物从茶几上拿起一个甜点	固定镜头	俯拍正面	1.9秒	轻轻地捏起
6	中景	接上一个镜头：人物拿起甜点放到鼻子前闻一闻，然后仔细看看	平移运境	俯拍斜侧面	3.6秒	那香甜的气息就像调皮的小孩
7	近景	人物动作重复上一镜头	平移运境	平拍侧面	2.3秒	钻入你的心间
8	全景	人物坐在沙发上边吃甜点边看书，并点头，表现出很满意的感觉	固定镜头	俯拍斜侧面	2秒	给你治愈的感觉
9	特写	人物拿起甜点放入嘴中咬一口并咀嚼	固定镜头	平拍侧面	3.4秒	轻咬间，那无法抵挡的椰味
10	全景	人物坐在沙发上边看书边拿起甜点放入嘴中	平移运境	俯拍斜侧面	3秒	在齿间蔓延开来
11	特写	堆放好的甜点，后期使用特效染画面	平移运境	平拍	4秒	搭配着香醇的黄油和天然水果泥
12	中景	人物靠在沙发上闭眼品味甜点，感受甜点带来的满足感	固定镜头	俯拍侧面	2.5秒	让你不自觉地沉醉
13	近景	甜点装盘摆放	平移运境	平拍	2.3秒	严格挑选进口原料
14	特写	微距拍摄单个甜点被掰开	平移运境	平拍正面	3.2秒	每一个里面都有满满的水果泥
15	全景	摆盘的甜点，将掰开的两半甜点放到中间，拍摄照片，后期做放大动画	拍照	俯拍	2.5秒	精确把握食材比例

镜号	景别	画面内容及说明	拍摄手法	拍摄角度	拍摄时长	旁白（音乐）
16	近景	将甜点放到转盘上转动	固定镜头	顶拍	1.6 秒	只为最佳的口感
17	近景	甜点摆拍，放在转盘上转动	固定镜头	平拍	4.5 秒	立体低温烘焙，色泽金黄，口感松软
18	特写	微距大特写拍摄甜点内部	固定镜头	平拍	2 秒	无任何添加剂
19	中景	孕妇场景（视频素材）	固定镜头	平拍侧面	3.1 秒	孕妇、宝宝均可放心食用
20	全景	人物侧靠沙发上看书，茶几上除了甜点，还放了一杯椰奶	平移运镜	俯拍正面	2 秒	闲暇时光
21	近景	人物手部动作：向玻璃杯内倒入椰奶	固定镜头	俯拍正面	1.5 秒	椰奶香味与幸福相伴
22	全景	人物喝椰奶	平移运镜	平拍斜侧面	2.1 秒	
23	全景	人物翻书吃甜点	平移运镜	俯拍侧面	2.1 秒	一小口的精致
24	特写	摆拍甜点的特写镜头，背景虚化	平移运镜	平拍	2.9 秒	从浓郁椰香开始（旁白结束）
25	全景	甜点及包装盒，作为片尾	平移运镜	顶拍	4.4 秒	音乐音量提高为正常

（3）文学脚本

文学脚本是在拍摄提纲的基础上增添细节内容、更加丰富和完善的脚本。文学脚本和以上两种相比更加灵活，它会将拍摄中的可控因素罗列出来，而将不可控因素放至现场拍摄中随机应变。因此，在时间和效率上都有提高，比较适合一些不存在剧情，直接是画面和表演的短视频。文学脚本需要创作者列出所有可能的拍摄思路，但不需要像分镜头脚本那样细致，只需要规定人物需要做的任务、说的台词、所选用的镜头和整个视频的时长即可。文学脚本除了适用于有剧情的短视频外，也适用于非剧情类的短视频，如教学类短视频等。

3种脚本并没有具体地划分哪些视频适用于哪种脚本，要灵活应用。在短视频策划时，脚本内容应尽可能丰富完整，但又能化繁为简，便于拍摄执行提高效率。

三、短视频拍摄

短视频拍摄是一项实操性大于理论性的工作，短视频创作者不仅要选择合适的拍摄工具，还要熟练运用各种拍摄技巧，合理设计构图、景别、光线位置及镜头运动方式。

1．短视频拍摄的器材和设备

"工欲善其事，必先利其器"。短视频的制作是一个实践性很强的工作。要完成一件短视频作品，需要从挑选合适的短视频拍摄器材开始。

（1）拍摄器材

①手机。手机是目前短视频拍摄应用最广泛的器材。手机携带方便，具备随时取材的特点；

同时也是个人生活的必需品，不需要额外采购，拍摄成本低。目前一些高端手机机型具备非常强大的功能，能够满足拍摄、剪辑、发布的要求。

② 微型单反相机。微型单反相机小巧、便于携带，还可以像单反相机一样更换镜头，并提供和单反相机同样的画质，对焦性能远弱于单反相机，体积远比单反相机小。对于预算有限又有视频画质改进需求的团队来说，微型单反相机是个不错的选择。

③ 单反相机。当短视频团队发展到稳定阶段，需要拍摄短视频广告时，对画质和后期的要求会提高，此时就需要专业的单反相机了。初学者要慎用，单反相机如果使用不当，很容易导致拍摄的画面模糊。

④ GoPro 相机。GoPro 相机作为一款动作相机，可以拍摄运动过程中的视频。GoPro 相机拥有多种视频格式和帧速率，在捕捉动作时非常好用。GoPro 相机设计轻巧，可安装在头盔、冲浪板、汽车等设备上。

⑤ 无人机。随着无人机技术的迅速发展，以及出于摄影、摄像方面的需求，无人机已经成为拍摄某些特殊场景必不可少的工具。无人机一般体积较小，由无线电遥控设备进行控制，拍摄的效果通常比较气派，给人一种气势恢宏的感觉。

（2）灯光设备

灯光设备对于视频拍摄非常重要，因为视频拍摄多以人物为主体，所以很多时候都需要用到灯光设备。灯光设备并不算日常视频录制的必备器材，但是如果想要获得更好的视频画质，却是必不可少的。

① 主灯。主灯作为主光源，通常用柔光灯箱，是一个场景中最基本的光源，能够将主体最亮的部位或轮廓打亮。主灯通常放在主体的侧前方，位于主体与摄像机的45°～90°范围。

② 辅灯。辅灯作为补助光源，亮度比主灯小，通常放在主灯相反的地方，可以对未被主灯覆盖的主体暗部进行补光提亮。光比可以理解为光照强度的比例。主灯和辅灯的光比没有严格要求，常见的是2∶1或4∶1。

③ 轮廓灯。轮廓灯用于打亮人体的头发和肩膀等轮廓，增强画面的层次感和纵深感。轮廓灯的位置大致处在拍摄主体后侧和主灯相对的地方。

（3）辅助器材

① 三脚架。拍摄短视频除了要有拍摄器材外，还需要拍摄支架或三脚架。特别是拍摄一些特殊的大镜头，更需要靠三脚架来完成。拍摄者在选择三脚架时，尽量选择摄像机的三脚架。单反相机的三脚架和摄像机的三脚架最大区别在于，使用摄像机的三脚架拍摄的视频更稳，可以更好地完成一些推、拉、升、降的镜头动作。

② 静物台。使用静物台更有利于打光。很多时候，静物台可以用桌子、椅子、凳子、茶几、纸箱等替代。

③ 摇臂。摇臂极大地丰富了视频的镜头语言，增加了镜头画面的动感和多元化，为用户创造身临其境的感觉。

④ 话筒。拍摄短视频时声音的清晰度很重要，因此配置话筒很重要。

想一想

你一般用什么设备拍摄短视频？拍摄的短视频有哪些局限？有什么办法可以克服这些困难？

课前自学

2.短视频构图元素

在构图时，一般把画面元素分为主体、陪体、前景、后景、空白这5个元素。简单地说，主体是一幅画面的主要表现对象；陪体在画面中起陪衬、渲染主体的作用；前景是画面最靠近镜头的某个事物，增强空间感和透视感；后景位于主体之后，渲染、衬托主体的事物就是背景；空白就是留白，相对实体之外的空间。

微课视频

善用光影，做好
短视频构图

（1）主体

主体在画面中起主导作用，是全局的焦点。一般情况下，在一幅画面中只能有一个主体。在画面中，主体有两个作用：一是表达内容，画面如果没有主体，观众就无法了解拍摄者的意图；二是成为结构画面的中心和依据，画面中所有的元素都是围绕主体来组织的，主体具有集中观众视线的作用。一般情况下，有3个因素会影响主体在画面中的突出程度，分别是主体的自身条件、主体在画面中的位置、主体在画面中的面积。

（2）陪体

主体作为主题的载体，是画面结构和视觉的中心和重心，而陪体则需要配合主体来烘托画面的主题，帮助主体更好地表达主题。陪体是在画面中陪衬、渲染、突出主体的元素，并和主体构成特定的氛围。

陪体的安排不能过分刻意，不能让陪体喧宾夺主。陪体的主要意义是为主体服务，所以陪体既不能与主体毫无关联，也不能削弱主体，混淆画面的主次，只有这样才能拍出层次分明、关系简明的画面。主体和陪体的显示关系如图3-1所示。

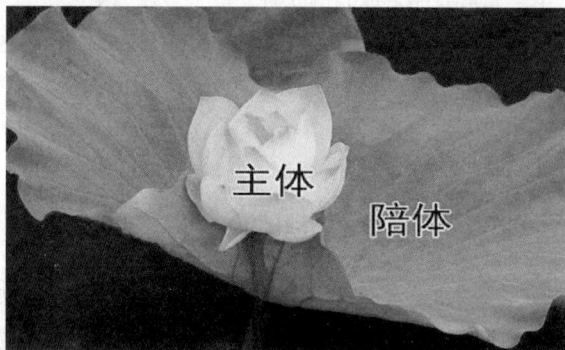

图3-1　主体和陪体的显示关系

（3）前景

画面上处于主体前面的充当前景的对象，可以是树木、花草，也可以是人和物等元素。在一些场面较大、景物层次丰富的画面中，常设计前景元素来烘托氛围。例如，用一些富有季节性和地方特征的元素充当前景，渲染季节气氛，烘托主体。前景还可以增强画面视觉语言，如设置前景与主体形成画面表现形式上的对比，可以增强画面视觉语言，更深刻地表达主题思想。

（4）后景

画面中位于主体之后，渲染或衬托主体的环境景物就是后景，也称作背景。主体可以没有前景，但肯定有后景，后景是无法避免的。在日常拍摄中，拍摄者往往很容易忽略后景，比较常见的就是"脑袋后面长树"，因为这种竖线或横线将画面分割开，会影响视觉感受和主题表现。后景对一幅作品的成败有举足轻重之势。在布局画面时，对后景的处理要力求简洁。后景简洁能够突出主体，后景复杂则容易分散观众对主体的注意力。前景与后景的显示效果如图 3-2 所示，小狗前面的花是前景，而小狗身后的花草是后景，后景做了模糊处理。

图3-2　前景与后景的显示效果

（5）空白

空白是由单一色调的背景组成的，形成实体对象之间的空隙，来衬托其他的实体形象元素，沟通画面上各对象元素之间的联系。它在画面上是不可缺少的组成部分。空白的主要任务是突出主体，同时有助于创造画面意境。如果画面被元素塞得满满的，没有一点空白，就会给人以拥挤、沉闷、窒息的感觉。空白留取得当，才会使画面生动活泼。不同的空白位置安排能表达出不同的呼应关系。结合画面中各实体元素的呼应关系，合理安排空白，既要符合人们的正常视觉习惯与心理要求，又要达到画面有变化而又和谐统一。

想一想

选一张自己喜欢的图片，分析其中的构图元素。

练一练

拍摄一段视频，给你的小组成员讲解 5 个构图元素都是什么。

3. 短视频构图方法

（1）中心构图法

中心构图法是将画面中的主要拍摄对象放到画面中间，这种构图方法的优势在于被摄主体突出、明确，而且画面容易获得左右平衡的效果。

（2）九宫格构图法

九宫格构图法是利用画面中的上、下、左、右四条黄金分割线对画面进行分割。四条线为画面的黄金分割线，它们的交点则为画面的黄金分割点。一般在全景拍摄时，黄金分割点是被摄主体所在的位置。在拍摄人物时，黄金分割点往往是人物眼睛所在的位置。

（3）二分构图法

二分构图法把画面一分为二，通常用在风景画面的拍摄中，同样也可以用在前景与后景区分明显的画面的拍摄中。

（4）三分构图法

三分构图法分为横向三分法和纵向三分法，是指把画面分成三等份，每一份的中心都可以放置主体形态，适合表现多形态平行焦点的主体。这种构图方法不仅可以表现大空间小对象，还可以表现小空间大对象。

（5）对称构图法

对称构图法是按照对称轴或对称中心构图，使画面中的景物形成轴对称或中心对称关系，给观众以稳定、平衡的感觉。这种构图方法适合在拍摄建筑物等主体时使用，但不适合表现快节奏的内容。

（6）框架构图法

框架构图法是用前景景物做一个"框架"，形成某种遮挡感，这样有利于增强构图的空间深度，将观众视线引向中景、远景处的主体。在使用这种构图方法时，拍摄者要注意框内景物曝光过度与边框曝光不足的问题。

（7）水平线构图法

水平线构图法能够给人一种延伸的感觉，一般情况下用横幅画面，比较适合场面开阔的风光拍摄，让观众产生辽阔深远的视觉感受。在采用水平线构图法进行构图时，居中水平线可以给人以和谐、稳定的感觉，下移水平线主要强调天空的风景，上移水平线主要强调眼前的景物，多重水平线则会产生一种反复强调的效果。

（8）对角线构图法

对角线构图法是将被摄主体沿画面的对角线方向排列，能够表现出强烈的动感、不稳定性或生命力等感觉，给观众以更加饱满的视觉体验。这种构图方法大多用于描述环境，不适合拍摄时长较短的短视频作品。

（9）引导线构图法

引导线构图法是利用线条来引导观众的目光，使其汇聚到画面的主要表达对象上。这种构图方法适合在拍摄大场景、远景的画面时使用。

（10）S形构图法

S形构图法是将被摄主体以S的形状从前景向中景和后景延伸，使画面形成纵深方向空间关系的视觉感，可以让画面充满灵动的感觉，能够表现出曲线的柔美。S形构图法的动感效果强烈，既动又稳，不仅适合表现山川、河流、地域等自然景观的起伏变化，也适合表现人体或物体的曲线。

（11）辐射构图法

辐射构图法是以被摄主体为核心，让景物呈四周扩散放射的构图形式，可以使观众的注意力集中到被摄主体，而后又有开阔、舒展、扩散的作用。辐射构图法经常用于需要突出被摄主体但场面比较复杂的场合，也用于使人物或景物在较为复杂的情况下产生特殊效果等场景。

（12）紧凑式构图法

紧凑式构图法是将被摄主体以特写的形式加以放大，使其以局部布满整个画面，这样构图的画面具有饱满、紧凑、细腻、微观等特征。采用紧凑式构图法来刻画人物面部表情，往往能够达到传神的境界，给观众留下非常深刻的视觉印象。

想一想

结合不同视频画面，分析不同构图法拍摄的视频有什么差异？

4．短视频景别设计

景别是指被摄主体和画面形象在屏幕框架结构中所呈现出的大小和范围，是画面的重要造型元素之一，由远至近可以分为远景、全景、中景、近景和特写。每个短视频都是由不同景别的画面组合而成。画面景别的大小有两个决定性因素，一个是拍摄设备与被摄主体之间的实际距离，另一个是拍摄设备镜头的焦距长短。

（1）远景

远景一般用来表现远离拍摄设备的环境全貌，展示人物及其周围广阔的空间环境、自然景色和群众活动大场面的镜头画面。拍摄者在处理远景画面时要删繁就简，使画面长度足够充分，拍摄时不要将拍摄设备移动得太快，以免使本来就看不清的细节变得更加模糊。

（2）全景

全景用来表现人物全身形象或某一具体场景的全貌，往往制约着该场面镜头切换中的光线、影调、人物运动及位置，可以进一步表现人物与环境的关系，也被称为交代镜头。在全景画面中，人物的头顶以上与脚底以下都要有适当的留白，切不可"顶天立地"，以免让人产生堵塞感，但也不要将空间留得过大，否则会造成人物形象不清楚，降低画面的利用率。

（3）中景

中景主要用来表现人物膝盖以上部分或场景的局部画面。使用中景可以表现视频画面中人物上半身的形体关系、人物之间的关系，以及人与物的关系。双人中景中，可以将画面从中间一分为二，采用对称构图，用位置、动作等体现两人的状态和关系。

（4）近景

近景主要用来表现人物胸部以上的部分或物体的局部。在拍摄近景画面时，拍摄者要注意画面中细节的质量，保证人物形象的真实性、生动性和情节的客观性、科学性。近景画面一般力求简洁，色调统一，拍摄者尤其要避免背景中出现容易分散观众注意力的物体，要让被摄主体一直处于画面结构的主导位置。

（5）特写

特写用来表现人物肩部以上的部分或某些被摄主体细节的画面。由于特写分割了被摄主体与周围环境的空间联系，画面的空间表现不确定，空间方位也不明确，所以常被用作转场镜头。

5．短视频光线位置

光线位置即光位，是指光源相对于被摄主体的位置，也就是光线的方向与角度。同一被摄主体在不同的光位下会产生不同的明暗造型效果。光位主要分为顺光、逆光、侧光、顶光与脚光等。

① 顺光。又称正面光，光线的投射方向与拍摄方向一致。

② 逆光。又称背面光，指来自被摄主体后面的光线照明。进行逆光拍摄时，拍摄者要注意背景与陪衬体的选择，以及拍摄时间的选择，选择合理的曝光，视情形确定是否使用辅助光照明。

③ 侧光。当光线投射方向与拍摄方向呈 90° 角时，即为侧光。在拍摄人物时，使用侧光能够表现人物情绪，通常会在特写画面中将侧光打在人物脸部一侧。侧光的缺点是画面会形成一半明一半暗的过于折中的影调和层次，在拍摄大场面的景色时使用侧光会显得光线不均衡。

④ 顶光。顶光来自被摄主体顶部。在室外，最常见的顶光是正午的太阳光线；而在室内，较强的顶光投射在被摄主体上，未受光面就会产生阴影，强烈的明暗对比可以反映出人物特殊的精神面貌和特定的环境、时间特征，营造一种压抑、紧张的气氛。

⑤ 脚光。脚光可以填补其他光线在被摄主体下部形成的阴影，或者用于表现特定的光源特征和环境特点。如果将其作为主光，会给人一种神秘、古怪的感觉。

6. 短视频运镜技巧

镜头是短视频的基本组成单位。镜头语言是通过运动镜头的方式来表现的，其应用技巧直接影响短视频的最终效果。运动镜头是相对于固定镜头而言的，指通过机位、焦距和镜头光轴的运动变化，在不中断拍摄的情况下形成视点、场景空间、画面构图、表现对象的变化，不经过后期剪辑，在镜头内部形成多构图、多元素的组合，其目的是增强画面动感、扩大镜头视野，影响短视频的速度和节奏，赋予画面独特的感情色彩。常见的镜头运动方式有推镜头、拉镜头、摇镜头、跟镜头、移镜头、升降镜头。

动画视频

运镜技巧

（1）推镜头

推镜头是一种常见的运镜技巧，是指被摄主体位置不动，镜头从全景或别的景位由远及近地向被摄主体推进，逐渐推成近景或特写的镜头，主要用于描写细节、突出主体、制造悬念等。

推镜头是一个从远到近的构图变化，在被摄主体位置不变的情况下，用相机向前缓缓移动或急速推进的镜头。用推镜头，使屏幕的取景范围由大到小，画面里的次要部分逐渐被推移到画面之外，主体部分或局部细节逐渐放大，占满屏幕。

（2）拉镜头

拉镜头是指被摄主体不动，构图由小景别向大景别过渡，摄影机从特写或近景拉起，逐渐变化到全景或远景，视觉上会容纳更多的信息，同时营造一种远离主体的效果。与推镜头的运动方向相反，镜头由近而远向后移动离开被摄主体，取景范围由小变大，被摄主体由大变小，与观众距离也逐步加大。

（3）摇镜头

摇镜头像人的眼睛来看待周围的一切，它在描述空间、介绍环境方面有独到的作用。相机不动，借助于活动底盘使摄影镜头上下、左右，甚至旋转拍摄，犹如人的目光顺着一定的方向对被摄主体巡视。

（4）跟镜头

跟镜头是移动相机的一种变换用法，跟随被摄主体保持等距离运动的移动镜头。跟镜头始终跟随运动着的主体，有特别强的穿越空间的感觉，适宜于连续表现人物的动作、表情或细节的变化。

（5）移镜头

移镜头同摇镜头一样能扩大屏幕二维空间映像能力，但因机器不是固定不变的，所以比摇镜头有更大的自由，能打破画面的局限，扩大空间。相机沿着水平方向作左右横移拍摄的镜头，类似生活中的人们边走边看的状态。

（6）升降镜头

升和降是相机借助升降装置等一边升降一边拍摄的方式，升降运动带来了画面视域的扩展和收缩，通过视点的连续变化形成了多角度、多方位的多构图效果。它用于表现高大物体各个局部、纵深空间点面关系、事件或场面的规模、气势和氛围、画面内容中感情状态的变化等。

想一想

推镜头和拉镜头分别适合什么情节？

四、短视频制作

1. 短视频剪辑思维

动画视频

短视频剪辑

在剪辑环节，短视频创作者应该具备的基本剪辑思维就是捋顺表达主题和表达逻辑，根据故事主线和关键节点把镜头串联和衔接起来。首先需要明确的是剪什么。

① 要剪剧情，注意镜头衔接流畅。虽然拍摄素材几分钟，但是根据剧情动作和台词的需要，可能最终连贯动作剪下来也就只保留十几秒的视频内容。

② 要剪表演，注重素材的选择，选取最有表现力的部分，着重跟剧情做配合，突出人物关系，表现主题信息。

了解了剪什么以后，再来看怎么剪。在剪辑实操中，经常会出现一些问题。

① 镜头切换节奏太慢，造成拖沓的感觉。例如事件推进太慢、台词冗长、传达的信息不够简练直接、素材的选取没有抓住关键。

② 镜头衔接不够流畅，造成跳跃的感觉。因为缺少合适的逻辑衔接或转场设计，合理的交代不够，造成用户观感上的跳脱，不流畅。

③ 信息表达不够精练，造成碎片的感觉。因为信息重复传递，冗余信息没有有效剪辑，相关信息没有服务于主题的有效表达。

④ 镜头分配过于平均，造成无感的效果。因为故事太平铺直叙，缺少转折、情绪变化、亮点设计，对主题表达预留的时长和镜头不够，重点不够突出。

为了避免上述问题，在剪辑时需要把握每一段素材的重点和关键，注意剪辑节奏和作品气氛的把握。

在剪辑节奏的把握上，短视频创作者可以利用声音来控制节奏，如利用台词的快慢、音乐的高低、音效的强弱来刺激用户的听觉。可以利用镜头的时长来控制节奏，一般来说，一个正常的视频镜头和信息的表达控制在 5 秒以内较好，重点信息表达时镜头停留的时长可以稍长，通过长短的合理搭配来营造节奏的变化和突出信息的重点，否则会造成拖沓感。可以利用构图的动静结合、色彩的变化差异、剧情的起承转合、情绪的喜怒哀乐做到张弛有度，给用户合适的观感节奏。可以利用景别大小或镜头切换造成视觉上的差异和刺激，每种景别都有自己适合的场景和表达的效果。同时也要注意合理的留白，不需要事无巨细地交代所有的信息，只要符合用户理解的基本逻辑，可以适当地留白，让用户填空并制造惊喜。

2. 短视频背景音乐

背景音乐是影响短视频传播的关键因素。有时候即使故事本身没有那么好，但背景音乐配好了，也会有"1+1>2"的效果。在制作视频时，要注意声画一体，如果故事本身不够好，音乐可以起到拯救画面的效果，好的故事配上好的背景音乐，就等于锦上添花。

在制作短视频时，要按照以下方法来选择背景音乐。

① 背景音乐要与画面意境相适配。音乐要与画面意境相适配，唯美的画面配上唯美的音乐，只有当画面意境与背景音乐相得益彰时，整个短视频才会和谐。

② 根据短视频内容取舍配乐。不一定要后期配背景音乐，部分短视频本身就会自带一些音效和解说，那么不配背景音乐也是可以的。

③ 根据背景音乐匹配合适的画面。有的背景音乐本身就是比较火的元素，如果想蹭背景音乐的热度，就可以根据背景音乐匹配相应的动作。

④ 制作音乐特效合成背景音乐。如果想要短视频的背景音乐具有特色，可以自己制作背景音乐，使用音乐后期工具进行剪辑，根据视频画面制作新的背景音乐。

在选择背景音乐的时候，不要有局限，各种风格的音乐都可以尝试，以增加短视频的新意。

练一练

录制一段静音的视频，然后搭配不一样的背景音乐，看看有什么不同的效果。

3．短视频字幕制作

为短视频添加字幕可以方便用户了解内容，有字幕的短视频上热门的概率会大大增加。几乎所有的短视频制作软件都可以添加字幕。为短视频添加字幕的方法一般有两种：一是添加视频中所有语音的字幕；二是添加语音中核心关键词的字幕。下面介绍几款有代表性的短视频字幕制作软件。

（1）剪映

剪映的智能字幕工具和手动添加字幕的功能为用户提供了灵活和多样的选择，使得短视频剪辑更加简单、高效。无论是需要快速添加字幕，还是希望完全自定义字幕的样式和内容，剪映都能满足用户的需求。

（2）快剪辑

快剪辑支持 PC 端、Android 版和 iOS 版。它除了可以添加字幕外，还支持一边录视频一边自动匹配字幕。

（3）字说

字说能够呈现文字动画视频的效果，可以智能识别语音并匹配动画，轻松上手。这款软件的视频旁白功能可以自动提取视频中的语音，而且字体效果比较丰富，还可以添加背景图片。如果想制作流行的纯字幕动态效果，可以选择字说。

（4）Arctime 软件

Arctime 是一款非常便捷的字幕输入软件，独创字幕块和多轨道概念，在时间线上拖动、调整字幕块即可轻松完成字幕创建工作，支持大部分主流的短视频剪辑软件。

想一想

在网上找几个短视频，分别比较加字幕和不加字幕的效果有何差别？

4．短视频转场效果

转场是场景或段落之间的切换，好的转场能够增加短视频的连贯性，体现视频的专业性和艺术性。为了使转场的逻辑性、条理性、艺术性、视觉性方面更好更强，在场景与场景之间的转换中也需要一定的手法。转场分为两类，即无技巧转场和技巧转场。

（1）无技巧转场

无技巧转场是用镜头的自然过渡来连接上下两段内容的，强调视觉的连续性，运用时要注意寻找合理的转换因素和适当的造型因素。无技巧转场的方法主要有以下几种。

① 空镜头转场。空镜头是指一些没有人物的镜头，主要用来刻画人物情绪、渲染气氛、掩盖场景切换的跳跃感等。空镜头转场常用于交代环境、背景、时空，抒发人物情绪，表达主题思想，是表达思想内容、抒发情感意境、调节剧情节奏的重要手段。

② 声音转场。声音转场是用音乐、音响、解说词、对白等和画面的配合实现转场，是转场的惯用方式。声音转场利用声音过渡的和谐性自然转换到下一画面，主要方式有声音的延续、声音的提前进入、前后画面声音相似部分的叠化。

③ 主观镜头转场。主观镜头转场是指上一个镜头拍摄主体在观看的画面，下一个镜头接转主体观看的对象。主观镜头转场是按照前后镜头之间的逻辑关系来处理转场的手法。主观镜头转场既显得自然，又可以引起观众的探究心理。

④ 特写转场。特写转场被称为"视觉的重音"或"万能镜头"，不管上一个镜头是什么，下一个镜头都从特写开始。其特点是：对局部进行突出强调和放大，展现一种平时在生活中用肉眼看不到的景别。

⑤ 两极镜头转场。两极镜头转场利用前后镜头在景别、动静变化等方面的巨大反差和对比，来形成明显的段落间隔，适合大段落的转换。其常见方式是两极景别的运用，由于前后镜头在景别上的悬殊对比，能制造明显的间隔效果，段落感强，属于镜头跳切的一种，有助于加强节奏。

（2）技巧转场

利用特技的手段进行转场称作技巧转场。技巧转场常用于情节之间的转换，给观众带来明确的段落感。技巧转场的方法主要有以下几种。

① 淡入淡出转场。在视频中常见的转场效果是淡入淡出。淡出是指上一段落最后一个镜头的画面逐渐隐去直至黑场，淡入是指下一段落第一个镜头的画面逐渐显现直至正常的亮度。实际编辑时，应根据视频的情节、情绪、节奏的要求来决定。有些视频中，淡出与淡入之间还有一段黑场，给人一种间歇感。

② 叠化转场。叠化是指前一个镜头的画面与后一个镜头的画面相叠加，前后两个画面有几秒的重合，前一个镜头的画面逐渐暗淡隐去，后一个镜头的画面逐渐显现并清晰的过程。一般用来表现空间的转换和明显的时间过渡。

③ 划像转场。划像是指两个画面之间的渐变过渡，分为划出与划入。划出是指前一画面从某一方向退出屏幕，划入是指下一个画面从某一方向进入屏幕。例如，划像盒、十字划像、圆形划像、星形划像、菱形划像等都是比较常用的划像转场。需要注意的是，因为划像效果非常明显，所以一般用于两个内容意义差别较大段落的转换。

④ 字幕转场。字幕转场是通过字幕交代前一段视频之后发生的事情，可以清楚地交代时间、

地点、背景、故事情节、人物关系等，让观众一目了然。

练一练

在网上寻找几个带有转场效果的短视频，和小组成员一块讨论并分析不同转场带给人的感受有什么不同。

---

5. 常用短视频制作软件

短视频制作软件有很多，有些是专业软件，有些则是面向普通制作者的容易操作的软件，每款软件有其特点和优势。下面介绍几款常用的短视频制作软件。

（1）剪映

剪映是抖音官方推出的一款手机视频编辑剪辑应用，带有全面的剪辑功能，支持变速，有多样滤镜和美颜的效果，有丰富的曲库资源。2021 年 2 月，剪映专业版 Windows 正式上线，自此实现移动端 /Pad 端 /PC 端全终端覆盖，支持创作者在更多场景下能够自由创作。

（2）Premiere

Premiere 是一款常用的专业视频编辑软件，功能齐全。它提供了采集、剪辑、调色、美化音频、字幕添加、输出、DVD 刻录的一整套流程，还能对视频素材进行各种特技处理，包括切换、过滤、叠加、运动及变形等。Premiere 的兼容性较强，能和 Adobe 公司推出的其他软件相互协作，如 After Effects、Photoshop 等。但是，Premiere 也有局限性，因为专业度高，操作难度比较大，创作者需要多学习运用。

（3）会声会影

会声会影（Corel Video Studio）是加拿大 Corel 公司制作的一款功能强大的视频编辑软件，具有图像抓取和编修功能。它的主要特点是：操作简单，适合家庭日常使用，具有完整的影片编辑流程解决方案，实现从拍摄到分享整个流程操作。

（4）爱剪辑

爱剪辑是一款全能的免费视频剪辑软件，支持 iOS 与安卓手机系统、PC 端设备，操作简单，可以实现零基础上手。除了滤镜、炫酷转场、MTV 字幕、去水印等功能外，爱剪辑还提供强大的学习教程。

（5）快影

快影是一款简单易用的视频拍摄、剪辑和制作工具。快影的视频剪辑模块拥有分割、修剪、复制、旋转、拼接、倒放、变速、比例等全套功能。快影还拥有滤镜、音乐、音效、封面设置，以及添加字幕、导出分享等附加功能。

（6）必剪

必剪是哔哩哔哩发布的一款视频编辑 App。该产品定位是一款"年轻人都在用的剪辑工具"。该产品可实现高清录屏、游戏高光识别、封面智能抠图、视频模板、封面模板、批量粗剪、录音提词、文本朗读、语音转字幕、画中画、蒙版等功能。

练一练

在手机上下载爱剪辑或其他短视频制作软件，尝试编辑一个短视频作品。

博古通今

技术创新：营造别样的文化体验空间

有人说，短视频催生了一个"读秒时代"，越来越少的用户有耐心等待视频播放结束，90%的用户停留在一个短视频上的时间约为6秒及以内。这意味着用户观看短视频的主要目的并非获取信息，而是观看体验。在生活水平普遍提高的当下，人们的文化需求逐渐转变为更具参与性与互动性的文化体验，短视频也正凭借着传播技术打造出雅俗共赏的体验空间，在多感官的交互中丰富用户的精神文化生活。

短视频创作者利用VR、AR、剪辑、特效、贴纸等技术，为用户搭建起一个传统文化与数字技术相互交融的富有视听冲击的享受空间。例如"变脸"拍摄特效，让用户通过抹脸、甩头等动作便可以在视频录制过程中实现"变脸"，促进传统文化在与用户游戏互动中的有效传播。再如裸眼VR的"画中行"视频，通过VR技术让用户"亲临"《清明上河图》这样的名画描述的"现场"。数字技术重构了传统文化，使传统文化在用户的观赏游戏中"活"了起来，为用户带来震撼的视听享受。

古为今用

请分享1~2个VR沉浸式体验传统文化的案例，谈谈你对于前沿技术创新传承传统文化的看法。

五、短视频运营推广

短视频在经过策划、拍摄、制作后，正式进入运营推广环节。一个短视频或短视频账号要想长期受关注，只有内容是远远不够的，还要配合有效的运营推广。短视频运营推广的核心任务主要有4个，即平台推广、商业变现、用户运营和数据分析。

1. 短视频平台推广

短视频的推广很重要，需要选择合适的推广平台，不断进行推广，才能达到良好的宣传效果。短视频推广平台有很多，为了能让更多的用户看到短视频，可以在多个平台注册账号，然后在一个平台上发布短视频，并同步推广到其他平台上。下面介绍4种短视频推广方式。

（1）广告投放推广

广告投放是一种快速推广短视频的方法。在短视频平台直接将广告推送到用户面前，是短视频平台最直接的投放方式。不同的社交媒体平台提供了多样化的广告形式，选择合适的广告类型和定位选项，可以将短视频展示给更多潜在用户。

例如，"DOU+"是抖音官方推出的付费营销工具，它可以将短视频精准地推荐给目标人群，提高短视频的播放量。发布短视频之前，可以选择购买"DOU+"，使该条短视频能够在系统的智能算法下，被推荐给对该类型短视频感兴趣的用户。

"帮他推广"是快手官方推出的付费营销工具，它可以将短视频推荐到用户的展示页面。在快手平台，短视频运营者需要在完成短视频发布后点开短视频，在短视频页面的上方选择"箭头"符号的选项，在弹出的页面中选择"作品推广"，然后选择合适的推广方式，"快速推广"或"定向推广"。

（2）参与官方活动

各大短视频平台会不定期地推出各类官方活动帮助短视频账号"涨粉"，短视频运营者要懂得抓住这类机会扩大账号的知名度。例如抖音/快手平台的参与挑战赛、小红书的品牌话题活动、西瓜视频的星×计划、哔哩哔哩的 B Brand 新品牌成长计划等。

（3）矩阵推广

矩阵推广是指同一企业或品牌在拥有多个短视频账号时，每个账号涉及的领域或宣传的产品不同，或者在多个平台拥有账号时，形成横向的多方联动，通过运营工作的统筹策划，达到提高知名度、提升商业价值的效果。例如，小米公司在抖音平台拥有 6 个"蓝 V"账号，分别是"小米公司""小米手机""小米直播间""小米智能生活""小米有品""小米电视"。同一企业的短视频账号可以互相推广，其方式主要有添加推广话题、@需要推广的账号、在标题文案中提及推广账号等。需要注意的是，每个账号的定位和侧重点不同，在利用其他账号做宣传推广时需要结合每个账号的特色进行推广。

（4）社群推广

微信、QQ 是社群的典型代表，在微信升级后，短视频在微信群、微信朋友圈和微信公众号的推广更加便利，也很容易收到互动信息。相对于微信群和朋友圈，微信公众号的推广更具传播性，受到的关注更多，能被反复推广。

想一想

一个有关化妆品品牌宣传的短视频，适合在哪些平台推广？

短视频可以在哪些平台上推广，如何成功变现，这是短视频营销的重心。短视频推广平台主要有以下 4 种类型。

① 移动短视频 App，如抖音、快手、西瓜视频、微视等。

② 资讯客户端，如今日头条、百家号、一点资讯等。

③ 社交媒体，如新浪微博、微信、QQ 等。

④ 在线视频，如腾讯视频、搜狐视频、爱奇艺、哔哩哔哩等。

各大短视频推广平台在积累粉丝、争夺流量的同时，最终目的是变现，电商已经成为短视频平台的主要营收来源。不同的短视频平台有不同的特点，短视频推广时要根据营销目的和用户群体进行选择。

微课视频

多渠道分发，让
短视频充分曝光

2. 短视频商业变现

商业变现是短视频运营的关键环节。如果投入大量精力和成本运营短视频而无法获得收益，那么运营工作也会因为缺少资金支持而难以为继，会打击短视频创作者的积极性。因此，找到短视频商业变现的有效途径是重中之重。常见的短视频商业变现模式有以下 4 种。

（1）电商变现

电商变现是指通过短视频内容实现产品的推荐介绍及销售转化的商业模式。电商变现是很多短视频平台积极推荐的主要变现方式。

创立个人电商品牌模式，也就是通过短视频打造个人 IP，建立自己的个人电商品牌。在这种模式下，可以根据商品本身来进行视频的制作，在满足账号视频数量、粉丝数量要求后，开通商品橱窗，利用账号视频引流来进行商品销售，中后期还可以开直播卖货。

如果自己没有商品的话，可以采用淘宝客推广模式。在短视频电商中，淘宝客推广模式是指在短视频平台上帮助电商卖家推广商品而获取佣金。以抖音为例，我们首先要开通商品橱窗功能，然后在发布的视频中插入商品链接，当用户喜欢短视频的内容，对商品产生兴趣而购买商品时，我们就能分得佣金，这样我们无须货源就可以通过卖货变现。

电商变现除了以上两种形式外，还有一种是自建电商平台导流模式。它主要是指品牌通过优质短视频吸引用户，并引流到自营平台，转化用户下单消费。

（2）内容付费变现

在信息无限而精力有限的时代，如何快速获取有价值的信息成为用户新的痛点，而内容付费是解决该痛点的"良药"。付费对于用户而言，节约了用户的注意力成本，同时付费内容的"干货""硬货"也会让用户产生满足感和充实感。对于内容生产者来说，付费则是帮助他们获取精准用户、创造知识价值的"门槛"。内容付费的本质是让用户花钱购买特定内容。通常来说，内容付费主要有用户打赏、购买特定内容产品和会员制付费3种模式。

用户打赏模式是短视频变现的重要途径之一。当用户觉得短视频内容足够优质，对自己很有用时，可能会通过付费打赏来表达认同、激励创作者。

购买特定内容产品模式在音乐服务平台已经得到了广泛的应用，例如一首歌曲提供部分免费试听，如果要听完整的歌曲就需要付费。在短视频领域，这种模式就是让用户花钱购买特定的短视频内容。

会员制付费模式早已在长视频领域得到了广泛的应用。现在很多短视频平台也开始借鉴长视频平台的会员制付费模式，推出短视频会员制付费模式。

（3）广告变现

在视频中插入某些品牌主的广告，是当前各大视频平台常见的变现玩法。短视频作为当前互联网流量聚集地，日活跃用户体量大，曝光量高，各类品牌都会愿意与短视频博主合作，植入广告，提高自身品牌、产品的网络曝光。广告变现有很多类型，包括植入广告、贴片广告、冠名广告、品牌广告等。

（4）平台扶持

在短视频行业内，短视频平台与短视频创作者之间保持着共生共荣的关系，拓宽了内容产业的边界和可能性。为了提升竞争力，很多主流短视频平台推出了自己的分成和补贴计划，以此来激励内容创作者生产出更多优质内容，同时吸引更多新晋的优秀创作者入驻，从而为平台带来更多的流量。

3.短视频用户运营

短视频用户运营是短视频推广中的重要环节，可以理解为依据用户的行为数据，对用户进行回馈与激励，不断提升用户体验和活跃度，促进用户转化。用户运营的核心目标主要包括拉新、留存、促活和转化，一切用户运营的手段、方法都围绕这4个核心目标展开。

（1）拉新

拉新即拉动新用户，扩大用户规模。拉新是用户运营的基础，也是运营工作永恒不变的话题。用户的心智在发生变化，内容需要更新迭代来保持活力，只有不断拉新，注入新的血液，才能产生源源不断的动力，形成良性的生态循环系统。拉新的方法有以下几种。

①以老带新。以老带新是内容产品在萌芽期最有效的拉新方式之一，即通过已有的"大号"协助推广，把粉丝引流到新的账号，有利于积累最初一批种子用户。

② 多渠道转发。用个人的社交关系和影响力，在朋友圈、微信群、知乎、微博等渠道进行转发传播，增加曝光率，获取更多用户的关注。

③ 做好优质内容传播。优质的内容是稀缺的。编写优质的内容，在各大网站发布，从而带动阅读量，嵌入自己的短视频，进而带来用户关注，这也是一种有效方式。

④ 蹭热点。蹭热点不仅可以有效节约运营成本，而且能大大提高内容成为爆款的概率。尤其是平台官方推出的热点话题，大大提高了萌芽期内容的曝光概率，再加上一些短视频平台算法推荐机制的加持，只要抓住时机蹭热点，完成流量的原始积累并不难。

⑤ 合作推广。在资金允许的前提下，寻求"大号"合作推广，或利用人际关系"圈子"资源，带动新账号的成长，也是内容萌芽期拉新的常见手段。

（2）留存

留存即防止用户流失，提高留存率。留存是拉新之后的工作重点，新用户通过各种途径进来后，如果没有找到感兴趣的内容，或者后续推出的内容不符合这部分用户的兴趣喜好，就会造成用户流失。

（3）促活

促活即促进用户活跃，提升用户活跃度。留存率稳定后，做好用户促活，增加用户黏性、提升互动度则是工作重点。例如，在内容中设置讨论话题，添加互动环节，加强内容与用户的交流感，都可以加深用户对内容的印象；定期策划运营活动也可以让用户活跃起来，节庆日、周年纪念都是重要的运营活动节点。

另外，还可以利用社群促活，将用户沉淀到社交平台，通过社群手段提升用户活跃度也是一种有效的方式。

（4）转化

转化即把用户转化为最终的消费者，将流量转化为营收才是最终目的。内容的商业化方式多种多样，主流的商业化方式包括针对内容本身的商业化，即内容付费；广告植入；电商变现；IP 衍生品开发；平台扶持等。

想一想

思考一下，在用户留存阶段，你还有什么好的建议？

4．短视频数据分析

短视频的所有运营推广行为都应以数据为导向。运营者除了需要通过数据持续了解播放量、点赞量、转发量外，还需要观测后续数据发展，调整短视频的内容、发布时间和发布频率，逐步提高短视频的平台流量，利用数据分析提升短视频运营效果。

（1）数据分析的意义

数据是短视频运营的灵魂，所有的运营都应建立在数据分析的基础上。短视频运营者要充分利用数据分析结果指导运营。

一是数据分析可以指导内容方向。在初期，短视频运营团队对市场和选题的了解不够充分，需要借助数据分析来指导方向，不断根据播放量、点赞量、转发量等数据对比分析短视频受欢迎程度，不断调整内容方向。当内容稳定以后，运营者要与竞争对手对比，进行数据分析，优

微课视频

解读运营数据，
科学判断效果

化内容，提升流量。

二是利用数据分析指导视频发布时间。运营者要利用工具分析短视频播放数据、电商视频及排行榜等，分析平台流量高峰，进而优化短视频发布时间。

（2）数据分析指标

① 固有数据：发布时间、视频时长、发布渠道等与视频发布相关的数据。

② 基础数据：播放量、评论量、点赞量、转发量、收藏量。

③ 关键比率：视频的基础数据是变化浮动的，但比率是有规律的。这些比率是分析数据的关键指标，是进行选题调整和内容改进的重要依据。

④ 评论率：体现出哪些选题更容易引发用户共鸣，引起讨论。

$$评论率 = \frac{评论量}{播放量} \times 100\%$$

⑤ 点赞率：反映视频的受欢迎程度。

$$点赞率 = \frac{点赞量}{播放量} \times 100\%$$

⑥ 转发率：代表用户的分享行为，说明用户认可视频表达的观点和态度。

$$转发率 = \frac{转发量}{播放量} \times 100\%$$

⑦ 收藏率：反映用户对短视频价值的认定程度，收藏后很可能再次观看，提高完播率。

$$收藏率 = \frac{收藏量}{播放量} \times 100\%$$

⑧ 完播率：反映完整看完整个视频的人数比例，是短视频平台进行数据统计的一个重要维度。

（3）数据分析工具

运营者要进行完整的数据分析，不仅要分析自己的数据，对于同行视频数据、榜单视频数据也要进行关联分析，并且从各个维度把握视频发展方向。利用以下数据分析工具可以进行这方面的分析。

① Excel 数据。利用 Excel 将需要分析的数据整合起来，转化为图表。Excel 可能增加工作量，这时可以借助其他可视化工具进行分析。

② 飞瓜数据。飞瓜数据可以查看各网的运营数据，如播放统计、用户统计，还可以显示各平台的数据，解决带货问题分析，功能很全，且分析维度小。图 3-3 所示为飞瓜数据抖音热门音乐界面。

③ 卡思数据。卡思数据是一款基于全网各平台的数据开放平台，提供全方位的数据查询、趋势分析、舆情分析、用户画像构建、视频监测、数据研究等服务，主要解决大品牌用户的商业投放、舆情监控和官方号运营。

④ 灰豚数据。灰豚数据是一款直播短视频带货数据分析软件，为品牌与商家提供高效实时的数据服务，包括查询主播数据、寻找爆款商品、统计直播间销售数据等功能。它支持多平台数据查询分析，包括淘宝、抖音、快手和小红书等，能提高寻找优质达人的效率，高效运营自播直播间，助力短视频直播带货变现。图 3-4 所示为灰豚热门视频库界面。

⑤ 蝉妈妈数据。蝉妈妈数据是一款针对抖音电商的营销数据分析工具，提供实时数据监控、行业数据分析、商品销售排行、达人带货排行等功能，帮助用户了解抖音电商市场动态，优化营销策略。

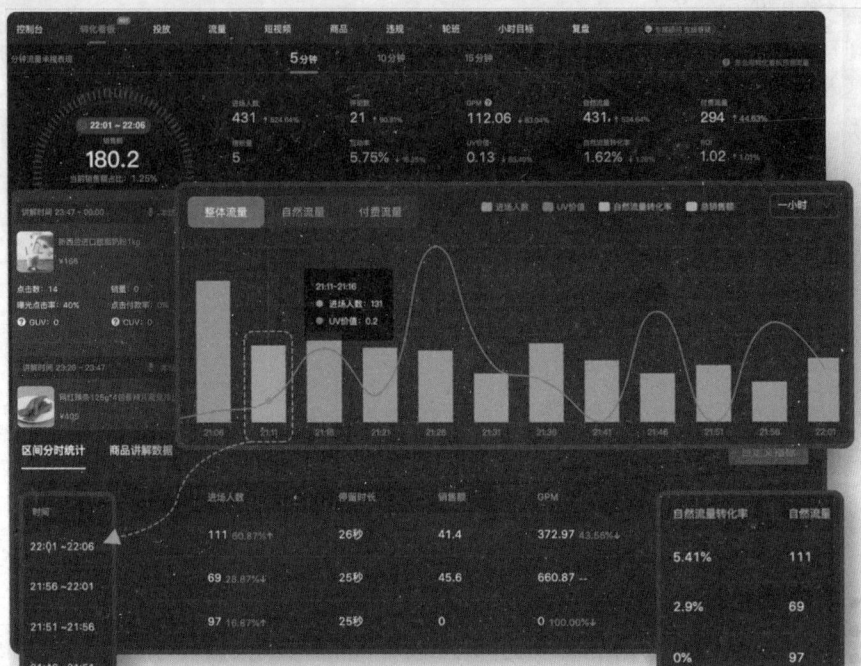

图3-3　飞瓜数据抖音热门音乐界面

图3-4　灰豚热门视频库界面

想一想

怎样利用短视频数据分析提升运营水平？

博古通今

沐浴人间烟火气，今古诗情日日新

最近几年，抖音、快手等短视频平台上出现了越来越多的古典诗词类短视频。许多学者专家也陆续进驻哔哩哔哩、小红书、抖音、快手，讲解分享古典诗词。例如，"诗教中国"抖音号已发布诗词类视频932条、点赞数215万、拥有粉丝近18.8万人。

短视频已成为古诗词传播的重要载体。抖音发布的《古诗词数据报告》显示，2021年，抖音古诗词相关视频累计播放量178亿，同比增长168%，李白、苏轼、李清照、王维、白居易、杜甫、辛弃疾、屈原、陆游、李商隐位列抖音最受欢迎的诗人排行榜前十位。《相思》《将进酒》《春晓》《琵琶行》《春江花月夜》位列抖音网友最喜欢的唐诗前五名。此外，不同年龄段的网友对于诗词传承有着自己喜欢、擅长的形式："00后"喜欢将诗词与说唱结合起来，"90后"则更爱用舞蹈复现诗词之美，"80后"最喜欢用朗诵的形式感受诗词魅力，"70后"则偏爱通过观赏戏曲理解诗词。

当经典古诗词与短视频相遇，便产生了奇妙的化学反应——晦涩的古诗词跨越千年，以轻盈姿态走近万千民众，获得接纳认可，甚至成为"网红"。

古为今用

请思考在当下互联网环境中，我们该如何创新短视频表达方式，让更多中华优秀传统文化得以发扬光大？

自学自测 ↓

一、单选题

1. 短视频的所有运营推广行为都应以（　　　）为导向。

    A. 点赞量　　　　B. 数据　　　　C. 播放量　　　　D. 分享量

2. 在成熟期阶段，短视频用户运营的工作重点是（　　　）。

    A. 编写优质的内容　　　　　　　　B. 防止用户流失，提高留存率

    C. 将用户转化为消费者　　　　　　D. 促进用户活跃，提高用户活跃度

3. （　　　）是一个从远到近的构图变化，在被摄主体位置不变的情况下，用相机向前缓缓移动或急速推进相机镜头。

    A. 推镜头　　　　B. 拉镜头　　　　C. 摇镜头　　　　D. 跟镜头

4. （　　　）把画面一分为二，通常用在风景画面的拍摄中，同样也可以用在前景与后景区分明显的画面的拍摄中。

    A. 九宫格构图法　　　　　　　　　B. 中心构图法

    C. 二分构图法　　　　　　　　　　D. 三分构图法

5. （　　　）即用户自己创作内容，然后上传发布到互联网上，与其他用户分享。

A. 快手短视频　　　　　　　　B. 抖音短视频

C. PGC 视频　　　　　　　　　D. UGC 视频

二、多选题

1. 短视频运营推广的核心任务主要有3个部分，即（　　　）。

A. 平台推广　　B. 用户运营　　C. 数据运营　　D. 短视频策划

2. 短视频用户运营的核心目标主要包括（　　　）。

A. 拉新　　　　B. 留存　　　　C. 促活　　　　D. 转化

3. 下列属于无技巧转场的有（　　　）。

A. 空镜头转场　B. 声音转场　　C. 特写转场　　D. 淡入淡出转场

4. 短视频的构图要素有（　　　）。

A. 主体　　　　B. 陪体　　　　C. 前景　　　　D. 后景

5. 短视频基础数据分析指标有（　　　）。

A. 播放量　　　B. 评论量　　　C. 点赞量　　　D. 转发量

6. 短视频的脚本类型包括（　　　）。

A. 艺术脚本　　B. 拍摄提纲　　C. 分镜头脚本　D. 文学脚本

三、简答题

1. 如何进行短视频定位？

2. 短视频的内容策划包括哪些要素？

3. 短视频运营中，分析数据的目的是什么？常用的数据分析软件有哪些？

课中实训

实训准备 ↓

✈ 实训目标

本次实训为短视频推广实训，通过短视频策划、拍摄、制作、投放及运营等系列操作，学生能够熟练掌握短视频推广的流程和技巧，建议小组共同完成一次短视频制作及推广活动。

✈ 实训项目

本次实训以下项目二选一，可以选择书中提供的 A 企业实训项目，也可以依托其他企业项目，或者学生、教师的创业项目。

项目一：学生依托 A 企业的真实项目，利用素材包中的资料，为企业设计一条短视频，并制订运营推广计划，从而助力企业提升品牌知名度，促进产品销售。

项目二：学生自选 ××× 产品／品牌，为企业制作短视频，并制订推广计划，以实现商业价值。

✈ 实训步骤

（1）完成课前自学部分的知识学习，巩固与短视频推广相关的知识。

（2）本次实训拆解为 4 个部分，包含 10 项实训任务，请按照短视频推广工作过程依次完成实训任务。

（3）实训过程中可采用线上线下混合学习的方式，学生以小组为单位协同合作，运用一些新媒体制作工具或平台辅助短视频的制作与推广，通过头脑风暴集思广益，共同完成实训任务。

（4）每项任务的实训成果需要整理到相关表格（表格可以另外附页）或以思维导图形式呈现。

✈ 实训资料

A 企业详细背景资料请参照项目一"实训资料"相关内容。

实训一 短视频认知

任务1 短视频主流平台分析

任务描述：学生以小组为单位，共同查找资料、整合信息，对目前主流的短视频平台进行对比分析，填写短视频主流平台分析表，如表 3-2 所示。

表 3-2 短视频主流平台分析表

短视频平台	目标用户	平台定位	内容类型	变现方式	平台优势／特色
抖音					
快手					

短视频平台	目标用户	平台定位	内容类型	变现方式	平台优势/特色
西瓜视频					
微视					
……					

课中实训

> 👤 **知识拓展**
>
> ### 目前主流短视频平台简介
>
> 目前短视频行业正处于快速增长期，抖音、快手是当仁不让的"头部玩家"，另外还有一些极具竞争力的腰部短视频平台正在快速成长。下面主要以抖音、快手、西瓜视频、微视为例，分析短视频平台的发展、运营定位等。
>
> 1. 抖音
>
> 抖音是一款可以拍短视频的音乐创意短视频社交软件，该软件于2016年9月上线，短短两年内日活跃用户突破1.5亿人。抖音的口号是"记录美好生活"，定位是"专注新生代的音乐短视频社区"，主要的运营定位是"年轻人的音乐短视频社区"，主要用户可以分为以下3类。
>
> 一是内容生产者。这类用户在音乐和短视频制作上有很高的热情和专业度，会打造个人品牌和商业矩阵，也会花精力运营粉丝和社群。
>
> 二是内容次生产者。这类用户主要追随内容生产者，通过模仿制作出自己的作品。
>
> 三是内容消费者。这类用户没有强烈的意愿表达自我，只是在平台观看视频，打发自己的碎片时间。
>
> 2. 快手
>
> 快手是北京快手科技有限公司旗下的产品，于2011年3月上线。它最初是一款处理图片和视频的工具，后来转型为一个短视频社区。截至2020年年初，快手日活跃用户突破3亿人，快手App中有近200亿条视频。2019年，有2.5亿人在快手平台发布作品，平台累计点赞超过3500亿次，快手保持着用户的高黏性和高复用率，主要原因如下。
>
> 一是快手满足了被主流媒体和主流创业者忽略的人群——普通人的需求。快手突破了圈层边界，成为一个为普通人提供记录和分享生活的平台。
>
> 二是快手坚持不对某一特定人群进行运营，不与明星和"网红"主播签订合作条约，对短视频内容不进行栏目分类，不对创作者进行分门别类。
>
> 三是快手定位"强调人人平等，不打扰用户，一个面向所有普通人的产品"。快手打造的是一个用短视频形式记录和分享生活的视频平台，开放给所有人。
>
> 3. 西瓜视频
>
> 西瓜视频前身"头条视频"于2016年5月正式上线。2018年8月，西瓜视频正式宣布全面进军自制综艺领域，打造移动原生综艺。西瓜视频作为今日头条花费10亿元重金打造的短视频平台，被称为视频版的今日头条，拥有众多垂直分类，专业化程度较高。其95%以上的内容

由专业内容生产者生产，用人工智能精准匹配内容与用户兴趣，致力于成为"最懂你"的短视频平台。

在短视频领域，如果说抖音和快手争夺的是竖屏市场，那么西瓜视频争夺的则是横屏市场。横屏和竖屏的最大不同是内容源不同，数码摄像机和摄像机采用横屏，手机摄像头采用竖屏，后者意味着会产生大量原创新增、简单易得的短视频，而前者则面向已有的存量内容和优质精选的内容。西瓜视频可以说是横屏版的今日头条。

4. 微视

微视是腾讯旗下短视频创作平台与分享社区，用户不仅可以在微视上浏览各种短视频，还可以通过创作短视频来分享自己的所见所闻。此外，微视还结合了微信和QQ等社交平台，用户可以将微视上的视频分享给好友、分享到社交平台。微视的特色功能主要有以下4种。

一是互动视频。2019年春节期间，微视推出了手势识别红包雨、投票红包、讨红包等互动视频红包玩法，用户可以通过互动领取红包，还可分享给好友共同参与。

二是30秒朋友圈视频。用户只需在发布界面选中"同步到朋友圈（最长可发布30秒）"按钮，即可将视频同步到微信朋友圈。

三是首创视频跟拍。每个视频界面都可以点击"跟拍"进入视频录制，模仿原视频动作进行拍摄，还可以直接使用原视频音乐，极大地降低了视频拍摄难度。

四是AI滤镜创新。新版本首创在短视频拍摄里加入一键美颜、美型功能，其中一键美颜功能可以快速修饰脸型。

想一想

如果现在从零开始做短视频博主，你会选择哪个平台？做什么内容？为什么？

任务2　热点短视频分析

任务描述：学生以小组为单位，在抖音和快手上搜索A企业（或某企业）的品牌关键词和产品关键词，或者关注企业官方账号，找到与该企业相关的热点短视频进行分析，填写企业热点短视频分析表，如表3-3所示。

表3-3　热点短视频分析表

分析项目	短视频1	短视频2	短视频3	短视频4	短视频5
短视频标题					
发布平台					
数据表现					
选题方向					
内容创意					

续表

分析项目	短视频 1	短视频 2	短视频 3	短视频 4	短视频 5
视频风格					
字幕特点					
用户互动					
分析结论	热点短视频有哪些共同属性？				

课中实训

⚖ **法治护航**

中央网信办出手！集中整治短视频 3 类突出问题！

　　2023年12月，中央网信办发布《关于开展"清朗·整治短视频信息内容导向不良问题"专项行动的通知》，专项行动围绕短视频领域多发频发的乱象，集中整治以下3类短视频信息内容导向不良问题。

　　一是短视频传播虚假信息问题，例如摆拍制作虚假短视频、技术生成虚假短视频、罔顾事实篡改造假等；二是短视频展示不当行为问题，例如"色情擦边"行为、打造低俗人设、"网红"恶意营销、展示高危行为等；三是短视频传播错误观念问题，例如挑战公众认知底线、传播错误价值导向等。

　　本次专项行动明确，将加强短视频平台管理。首先是优化推荐机制，着力解决短视频平台算法价值导向存在偏差、优质短视频呈现不足等问题。其次是优化流量分配机制，防止"重指标轻质量"，片面以点赞率、转发率等量化指标作为流量分配依据。最后是强化平台审核把关，着力解决短视频平台审核机制不规范和审核标准不够全面等问题，防止出现审核过于简单化或一刀切及人工复审走过场等现象。

　　职场思考

　　请分别阐述这3类突出问题会带来怎样的危害？如何规范短视频的内容导向？

实训二　短视频策划与设计

任务1　短视频内容策划

　　任务描述：学生以小组为单位，根据企业推广要求制定短视频内容策划方案。选择 A 企业项目的小组，需明确推广目的是助力企业新产品开拓市场，迅速建立产品知名度和美誉度；企业要求短视频突出企业品牌特性，高清制作，时长 15 ～ 60 秒，分发抖音、快手平台，可选择投放企业官方账号或个人自媒体账号；企业可提供一些产品视频和图片素材。选择其他项目的小组，可根据企业的具体情况选择某产品进行短视频内容策划。最后填写表3-4。

表3-4　短视频内容策划方案

策划要素	具体内容
推广目的	
目标用户	
选题创意	
内容设计	
表现形式	
预发布平台	

知识拓展

抖音短视频内容策划技巧

1. 找到用户的精准需求

抖音短视频作为流量高地，随着各项功能的逐步完善，竞争越来越激烈。在此情况下，用户对短视频内容的要求也越来越高，运营者需要采取正确的方法才能脱颖而出，找到用户的精准需求，重视粉丝观看短视频的体验感，提升粉丝互动交流。

因此，在策划账号选题时，运营者要了解其短视频内容能给用户带来什么，是否能为用户解决实际需求或痛点。根据账号定位，挖掘对应用户群体的核心需求，制定合理的内容创作方案，是抖音内容策划必须考虑的重要部分。

2. 借助热点话题

相比于一般话题来说，热点话题更能抢占流量高地，大部分用户会关注热点。因此，借助热点话题的热度是较为常用且有效的一种方法。

将短视频内容与热点结合，制作有趣味性、话题性的短视频，更有可能获得大量曝光，快速吸引粉丝。当然不是所有的热点都能使用，一般情况下，热点要与账号内容定位相关，不然不仅影响粉丝好感度，还会影响账号的权重。

3. 内容积极，远离敏感词

互联网平台的整体风向是倡导积极向上的。因此，策划抖音短视频内容时，一定要注意内容的导向，应倡导文明新风尚。此外，还要注意敏感词。抖音平台对很多敏感词都有限制，滥用敏感词很有可能被平台屏蔽，严重者还可能被封号。

4. 策划互动性话题

抖音平台在不断升级优化的过程中，带有一定的社交性质，所以做抖音内容策划，不要忽略和用户之间的互动。

短视频制作以用户为中心，制作互动性较强的短视频更容易获得用户的认可和推荐。例如，运营者可以选择一些较新颖、能产生较好互动效果的话题，还可以设计一些能够引发用户讨论的问题，让用户在评论区留言。

任务2　短视频内容设计

任务描述：学生以小组为单位，根据任务1的短视频内容策划方案，撰写短视频内容设计大纲。选择 A 企业项目的小组，可参考企业官方账号的历史视频，内容设计要符合企业品牌形象。选择其他项目的小组，可根据企业具体情况进行内容设计，平衡企业推广要求与账号风格，突出产品卖点，有效引导转化。最后填写表 3-5。

表 3-5　短视频内容设计大纲

设计要素	具体内容
短视频内容	
短视频封面	
短视频标签	
短视频简介	
地址定位	
投放时间	
评论互动	

他山之石

善用 SCQA 模型，实现结构化表达

SCQA 模型是一个结构化表达工具，是麦肯锡咨询顾问芭芭拉·明托在《金字塔原理》中提出的。

S（Situation）指的是情境、背景，一般来说，先描述一个比较熟悉的场景，场景跟用户息息相关，或者是用户一直以来的痛点，这样既不突兀又容易让用户产生共鸣，产生代入感。

C（Complication）是冲突，形成矛盾或反差，让用户认识到有问题存在。

Q（Question）是指疑问，怎么办？如何解决？是根据前面的冲突从对方的角度提出他所关心的问题。一般来说，C 和 Q 往往突出的是一些痛点问题。

A（Answer）是答案、观点、结论，遵循金字塔原理，给出解决方案，是对 Q 的回答。

SCQA 模型如何应用到短视频内容设计当中呢？下面通过某产品推广的短视频系列截图（见图 3-5）来了解一下这个模型。

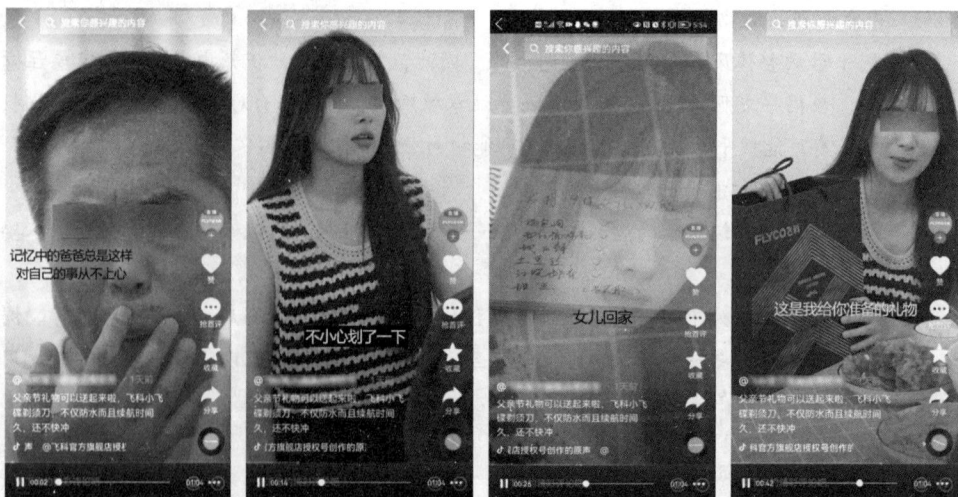

图3-5　短视频系列截图

我们来分析一下。产品是飞科剃须刀，这条产品短视频的情境"S"是爸爸对自己女儿总是无微不至的关怀，却对自己的事情不上心，刮胡子总受伤也不在乎。再来看第二个因素冲突"C"，这个视频脚本里的冲突体现在女儿的心情，女儿感到爸爸为自己做了很多，自己却没有什么地方能帮到爸爸，心情很矛盾，希望能回报爸爸的爱。再看第三个因素疑问"Q"，父亲节马上就要到了，应该用什么来表达女儿对爸爸的关心呢？最后，短视频中给出的答案（解决办法）"A"是女儿亲手做了一桌好菜，并送给爸爸一款最新的剃须刀，爸爸再也不用担心不小心刮破下巴了。

这虽然是一个产品推广短视频，却设置了合适的情境和冲突，自然而然地把要展示的产品引出来，既突出了产品的卖点，又能打动消费者的心。这就是SCQA模型在短视频脚本设计中的应用。

我们在日常使用SCQA时，并不一定要严格按照"S情境（背景）—C冲突—Q疑问—A答案（解决方案）"结构来进行表达。各个结构是可以调换顺序以显出不同的表达风格和情绪的。一般可以分为以下4种模式。

标准式：（SCA）背景—冲突—答案。例如，快放假时，学生们可以休息了，这是一个事实，就是一个大环境，这是S。在假期学生该休息这个情境下，会产生什么样的冲突？如果一个孩子整个假期就只是以玩、娱乐为主，那父母可能会产生教育焦虑，说不定还会"硝烟四起"，影响亲子关系，这是C。所以，在假期制订学习、游玩、娱乐计划并执行，这样既能让学生休息，又能减少父母的教育焦虑，这是A。

开门见山式：（ASC）答案—背景—冲突。例如，上周老师的任务还没完成（A），新生开学了，老师要做很多迎新工作（S），所以，老师时间安排上有些冲突（C），没有及时完成任务。

突出忧虑式：（SAC）背景—答案—冲突。例如，病人这病挺严重的（S）。还好，有一种最新的药，可以治病人的病（A），但是呢，药比较贵（C）。

突出信心式：（QSCA）疑问—背景—冲突—答案。例如，今天人类面临的最大威胁是什么？这是Q。在过去的几十年，科技高速发展，人类拥有的先进武器已经足以摧毁地球几十次了，这是S。但是，我们拥有了摧毁地球的能力，却没有逃离地球的方法，这是C。所以，我们今天面临的最大的威胁是没有移民外星球的科技。我们公司，将致力于私人航天技术，在可预见的将来，实现火星移民计划，这是A。

有关SCQA模型的内容就给大家介绍到这里。最后做一个小练习，请大家用SCQA模型分析一下宋代词人李清照的《如梦令•昨夜雨疏风骤》。

昨夜雨疏风骤，浓睡不消残酒。试问卷帘人，却道海棠依旧。知否，知否？应是绿肥红瘦。

实训三　短视频拍摄与制作

任务1　短视频脚本撰写

任务描述：学生以小组为单位，根据实训二的相关内容，撰写分镜头脚本（见表3-6）。要求：脚本分镜合理、结构完整、情节饱满，体现品牌或产品特性。

表3-6　短视频分镜头脚本

镜头	拍摄方法	时间	画面	解说	音乐	备注
1						
2						
3						
4						
5						
……						

他山之石

分镜头脚本撰写案例

短视频脚本可作为短视频的拍摄大纲和要点规划，用来指导整个短视频的拍摄方向和后期剪辑，起着统领全局的作用。分镜头脚本相当于整个视频的制作说明书，是把视频情节翻译成镜头语言的过程，为后续的拍摄、剪辑提供精细的流程指导，拍摄时只需要顺着流程往下走，就能快速完成拍摄，提高效率。

短视频虽短，但每一个画面、每一句台词都需要精雕细琢，通过精细化拍摄和剪辑的视频才能给观众优质的视觉呈现。如果在拍摄前没有撰写短视频脚本，在拍摄时就可能出现各种差错。例如，道具不齐全，所有参与拍摄的人员全部停下来等道具；拍摄进行到一半，发现场景没有代入感，又要更换场景重新拍摄；台词准备不充分，中途演员和编导又要重新策划台词……所以，拍摄前一定要准备好短视频脚本。

图3-6所示为康师傅方便面广告分镜头脚本。

镜头	拍摄方法	时间	画面	解说	音乐	备注
1	采用全景，背景为昏暗的楼梯，机器不动。	4秒	女孩A和女孩B忙碌了一天，拖着疲惫的身体爬楼梯	背景是傍晚昏暗的楼梯，凸显主人公的疲惫	《有模有样》插曲	女孩侧面镜头，距镜头5米左右
2	采用中景，背景为昏暗的楼梯，机器随着两个女孩的移动而移动。	5秒	女孩A和女孩B刚走到楼道口就闻到了一股泡面的香味，飞速跑回宿舍	昏暗的楼道与两人飞快的动作交相呼应，突出两人的疲惫	《有模有样》插曲	刚到楼道口正面镜头，从两人跑步侧面一直到背面镜头
3	采用近景，背景为宿舍，机器不动，俯拍。	1秒	女孩C在宿舍正准备吃泡面	与楼道里飞奔的两人形成鲜明对比	《有模有样》插曲	被摄主体距镜头2米
4	采用近景，背景为宿舍门口，平拍，定机拍摄。	2秒	两个女孩在门口你推我搡不让彼此进门	突出两人的饥饿，与窗外的天空相互配合。	《有模有样》插曲	平拍，被摄主体距镜头3米
5	采用近景，背景为宿舍，机器不动。	2秒	女孩C很开心地夹着泡面正准备吃	与门外的两个女孩形成对比	《有模有样》插曲	被摄主体距镜头2米

图3-6　康师傅方便面广告分镜头脚本

一个完整的分镜头脚本要想表现出产品或品牌的特性，需要呈现很多的细节，镜头类别也很多，包括全景、近景、俯拍、特写等。要想在短短的 15 秒内呈现出情节的完整性，以及产品或品牌的特性，需要每一个细节都精雕细琢，不浪费每一个镜头。

那短视频脚本怎么撰写呢？主要有以下 5 个步骤。

1. 拟大纲，建框架

拟大纲的目的在于提前设计好人物、环境相互之间的联系。根据账号定位确定故事选题，建立故事框架，确定角色、场景、时间及所需道具，然后开始创作故事。

2. 定主线，有支撑

脚本是一个故事的灵魂，是短视频的核心和关键。不管是搞笑类脚本还是剧情类脚本，故事有价值才能成为脚本的支撑力。例如"一禅小和尚"的视频，都是以感情中的感悟为主线，通过小和尚向师父提问，引出师父对于问题的拓展回答，直击人心。

3. 场景设计

短视频不同于影视剧，短视频的特点是短、平、快，制作成本低。要在短短几分钟内甚至一分钟内表达一个主题，利用真实场景更能让人有代入感。例如，拍摄办公室故事，却将场景定在卧室，不仅没有代入感，也没有真实感，无法让用户产生观看的欲望。

4. 时间把控

把控时间的主要目的是留住用户。面对互联网的信息洪流，用户的注意力越来越碎片化。视频需要在 15 秒左右的地方设置反转或爆点，给予用户刺激，吸引用户继续看下去。

5. 主题升华

用户喜欢什么样的视频？会点赞哪些内容？答案是对用户"有用"的视频，可以是技能上的，也可以是情绪上的。例如，情感鸡汤让用户感同身受，"干货"知识让用户获得新知。只要一个价值点，用户就可能点赞、评论甚至收藏。所以，撰写短视频脚本时，要在内容中升华主题，引发用户共鸣。

任务2　短视频拍摄准备

任务描述：学生以小组为单位，开展短视频拍摄的准备工作，选择合适的拍摄场景、拍摄器材、灯光设备及辅助器材，并填写短视频拍摄准备清单，如表 3-7 所示。

表 3-7　短视频拍摄准备清单

项目	具体内容
拍摄场景	场景 1：
	场景 2：
	场景 3：
	……
拍摄时间	

续表

项目	具体内容
拍摄器材	
灯光设备	
辅助器材	

任务3　短视频制作

任务描述：学生以小组为单位，进行短视频的实际拍摄，在完成短视频拍摄工作后，选择合适的剪辑软件，制作短视频，并填写短视频制作分析表，如表 3-8 所示。学生可以使用 Premiere、会声会影等 PC 端专业软件进行制作，也可以使用快影、剪映等移动端平台软件，请将所用的软件及使用经验和大家一起分享。

表 3-8　短视频制作分析表

项目	具体内容
背景音乐选择	
字幕制作要点	
转场设计	
制作软件使用心得	
遇到的问题及解决方法	

实训四　短视频运营推广

任务1　短视频发布设置

任务描述：学生以小组为单位，在短视频制作完成后，研究同类型短视频的发布设置规律，为此次短视频设置恰当的发布时间、发布标签、参与话题等，填写短视频发布设置表，如表 3-9 所示。

表 3-9　短视频发布设置表

项目	具体内容	选择依据
发布平台		
发布时间		
发布标签		
参与话题／活动		

知识拓展

短视频发布小技巧

短视频发布看似是一个简单的操作，实则涉及许多细节问题。除了需要选择合适的发布时间，短视频运营者还要考虑其他多方面的因素，以帮助短视频获得更多的流量和关注。

1. 根据热点话题发布

发布短视频时可以紧跟时事热点，因为热点内容通常具有天然的大流量，借助热点话题创作的短视频受到的关注度也相对较高。常见的热点话题主要有以下3类。

（1）常规类热点

常规类热点是指比较常见的热点话题，如大型节假日（春节、中秋节、端午节等）、大型赛事活动（篮球赛事、足球赛事等）、每年的高考和研究生考试等。这类常规热点的时间固定，短视频工作团队可以提前策划和制作相关短视频，在热点到来之际及时发布短视频，该类短视频通常能够获得较多关注。

（2）突发类热点

突发类热点是指不可预测的突发事件，这类热点会突然出现，如生活事件、行业事件、娱乐新闻等。发布这类短视频时要注意时效性，简单来说，遇到这类热点话题时，在制作和发布短视频时都要做到"快"。在该类热点话题出现后的第一时间迅速发布与之相关的内容，往往会获得非常大的浏览量。与常规类热点相比，突发类热点更能引发大众的好奇和关注。

（3）预判类热点

预判类热点是指预先判断某个事件可能成为热点。例如，某电影将在下一周上映，许多用户对该电影十分期待，那么在电影上映前就可以发布与之相关的短视频。用户在期待电影之余，通常会选择通过观看该类短视频，提前交流对电影剧情或主角的想法。

2. 添加恰当的标签

标签是短视频内容中最具代表性、最有价值的信息，也是系统用以识别和分发短视频的依据。好的标签能让短视频在推荐算法的计算下，将短视频分发给目标用户，得到更多有效的曝光。紧跟热点话题始终是短视频运营不可缺少的环节，在设置标签时可以适当将热点话题作为标签，以此增加短视频的曝光量。例如，春节期间的短视频多与"春节"这一热点相关，可以适当添加"春节""新年""团圆饭"等与热点相关的标签。

需要注意的是，设置标签时可以适当结合热点，但不能为了追求流量毫无底线，去结合一些负面的热点新闻。

3. 同城发布或定位发布

在抖音和快手等移动端短视频平台，发布短视频时可以选择"同城发布"和"定位发布"。这两种发布方法都能为短视频带来意想不到的流量。

（1）同城发布

同城发布是指将短视频发布到该短视频账号所在的城市，简单来说，是将该城市的短视频用户作为目标用户群体。虽然同城用户数量无法与全国用户数量相比，但对于短视频创作新人而言，能在某一区域打开局面也是一个明智的选择。尤其是对于有线下实体店的短视频创作者来说，同城发布短视频能够为实体店宣传和引流。

（2）定位发布

定位发布是指在发布短视频时定位某一地点（定位任意选择），使短视频被该地点周围的用户看到。定位发布的方法有两种：一种是根据短视频内容定位相关位置，如短视频内容为丽江古城的工艺品，则可以在发布短视频时定位"丽江古城"，使定位地点的人群看到该短视频；另一种是定位人流量大的商圈、景点等，因为该类地点的人数众多，短视频用户的数量也相对较大。

课中实训

任务2　短视频推广

任务描述：学生以小组为单位，策划短视频推广方案，在短视频发布之后进行运营推广，撰写完整规范的短视频推广方案，如表3-10所示。

表3-10　短视频推广方案

项目	具体内容
推广目的	
目标用户	
推广方式	
推广平台	
效果预期	
问题总结	

👤 **知识拓展**

短视频免费推广方法

推广短视频的方法从资金投入的角度可以分为免费推广和付费推广，分别用于不同推广阶段。下面介绍常见的4种短视频免费推广方法。

1. 引导粉丝

引导粉丝分享、转发，让粉丝做你的宣传员，粉丝分享更能代表个体的观点，往往更具说服力，起到口碑营销的效果。

2. 活动运营

这类方法比较适合受众较广的账号内容。如果是垂直类的内容，可能带来的只是想要礼品的无效粉丝。例如常见的粉丝回馈，通过奖励刺激用户的参与热情。

3. 参加平台活动

积极参加平台举办的活动可以带来更多的关注度，通常平台都会有一定的流量倾斜，特别是平台的热门活动。

　　4．联合运营

　　联合运营是一种互惠互利的形式，找到双方受益的合作点，彼此互推，可以达成受益效果最大化。

　　免费推广的核心关键词是"导流"和"聚粉"，所以在选择推广渠道前，首先确定导流的方式和聚粉的根据地。微博、微信都是比较好的粉丝承载渠道，可以根据自身内容的特点，选择集中导流到一个平台。

　　短视频推广的方式有很多，重点是要依据自己短视频账号目前的实力、发展阶段、推广目的等条件，选择适合自己的推广方式。

课中实训

任务3　短视频数据分析

　　任务描述：学生以小组为单位，在短视频发布后进行效果跟踪，根据近一周的数据表现，结合发布账号上同类型短视频的历史数据，撰写短视频运营数据分析报告，如表 3-11 所示。报告要求：数据分析目的明确，分析方法得当，数据呈现清晰，分析结论可信度高，建议措施具有参考价值。

表 3-11　数据分析报告

项目	具体内容
分析目的	
分析方法	
数据呈现	
分析结论	
建议措施	

　　知识拓展

短视频数据分析技巧

　　想打造成功的短视频，就要用数据分析来助力。短视频运营者可以从 3 个维度入手进行数据分析。

　　1．单一短视频分析

　　通过短视频自有的数据指标对自身进行诊断，主要参考以下数据指标。

　　（1）初始推荐量

　　推荐平台会通过平台指数，也就是以往的账号表现，结合标题描述内容覆盖的人群，进行第一波推荐，这个时候的推荐还没有参考互动的指标，决定其基数的是内容覆盖人群。初始推荐量是最能评估内容热度的一个指标。

　　一般运营者会在内容审核通过以后，在 1 小时内持续观察后台的推荐量情况，如果相比之前的短视频初始推荐量明显少很多，可能是因为标题不够吸引人。短视频与文章的推荐方法不同，大部分平台的文章推荐是算法筛选，算法通过对文章内容进行解析，确定这篇文章是否要推荐；但是对于短视频，算法只能通过标题来进行确定。

（2）平均播放进度和跳出率

平均播放进度和跳出率可以用来判断标题与内容的符合程度以及内容质量情况。如果跳出率过高、平均播放进度过短，说明标题、头图与内容差距较大，用户进入后认为与预期不符，内容不吸引人，就离开了。如果这两项指标偏低，很大程度会被判定为"标题党"，大大减少推荐量。

（3）点击率

点击率是一个事前指标，反映了短视频标题和封面吸引人的程度。在平台上被系统推荐了内容的用户对内容本身是不了解的，评判是否要点开播放短视频的依据只有标题和封面。所以，要提高点击率，就要提升标题和封面的吸引力。

（4）评论率、收藏率、转发率、涨粉率

这4个指标代表内容对用户互动的引导能力，指标的高低也决定了进一步可以获得的推荐比重。

2. 短视频之间对比分析

短视频分析还可以采用"合横连纵"的对比方法。横向指同期短视频的分析，纵向指同类短视频的分析。"合横"是指要把同期短视频整合起来，进行统计分析，找出短视频在哪个渠道播放量高、互动率高，就说明这期短视频的内容适合这一渠道的人群观看。"连纵"是将同类的或者相似题材的短视频进行对比，找出最合适的渠道用户。

3. 外部竞争的分析

同样的类型、题材在相近的时间、相同的渠道发布就会有比较明显的竞争。例如，同样都是美食题材的内容，如果发布时间相近，在一定程度上推荐量会被拆分。蹭热点的内容，虽然热点内容具有很大的关注可能性，但如果做的人多了，就会产生供给过剩的情况。如果发布的时间偏后，对用户来说就没有新鲜感了。

法治护航

短视频审核出新规，列出 21 类 100 条具体"红线"

在短视频迅猛发展的背后，种种行业乱象不容忽视：短视频侵权成为知识产权问题的新表现；未经过滤的劣质内容污染网络空间；"流量变现"之风盛行，不良广告营销损害用户利益等。中国网络视听节目服务协会于2021年发布《网络短视频内容审核标准细则》，列出21类100条具体"红线"，为平台审核短视频提供了更直观、可执行的依据。

短视频创作者应自觉遵守法律法规和公德良俗，对自己的作品负责；平台应切实履行主体责任，引导短视频创作者合规从业，为优秀短视频作品的传播营造良好环境；监管部门应完善协同治理的政策法规体系，营造健康理性的网络视频生态。

职场思考

请在网上查找《网络短视频内容审核标准细则》全文并进行自学，思考短视频创作者、平台、监管部门应如何落实短视频审核新规？相关从业人员该具备怎样的职业素养？

技能训练成效评价 ↓

课中实训

素质提升测试

序号	素质目标	评价要点	评价结果
1	具备创新思维	能够在短视频策划与设计阶段提出创新的选题与内容构思	☆☆☆☆☆
2	具备法律法规意识	熟悉互联网及广告的相关法律法规及平台管理规范，规避违规操作	☆☆☆☆☆
3	具备正确的价值观	能够选择恰当选题，运用短视频讲好中国故事、传播好中国声音	☆☆☆☆☆
4	具备诚实守信的品质	在短视频推广中实事求是宣传产品，不造假不夸大	☆☆☆☆☆

能力达成测试

序号	能力目标	评价要点	评价结果
1	能够撰写短视频策划运营方案	能够分析企业目标与要求，独立撰写短视频策划运营方案	☆☆☆☆☆
2	能够撰写短视频脚本	能够结合企业品牌和产品特性，用 3 种方法撰写短视频脚本	☆☆☆☆☆
3	能够完成短视频拍摄	能够熟练掌握 2 种以上拍摄器材／设备，运用 3 种以上运镜方法完成短视频拍摄	☆☆☆☆☆
4	能够制作简单的短视频	至少掌握 1 种以上剪辑工具，能够进行制作简单的短视频	☆☆☆☆☆
5	能够进行短视频的运营推广	能够根据目标用户及产品特性，进行短视频日常运营，并运用 2 种以上的方法进行短视频推广	☆☆☆☆☆

学习总结

通过本项目学习，我掌握了 _____ 知识 / 方法，锻炼了 _____ 技能，和小组同学一起完成了 _____ 任务。

本项目学习过程中，我最大的收获是 _____ ；最大的提升是 _____ ；还需要继续努力的方面有 _____ 。

课后提升

案例一 用好5A人群资产策略，实现用户可持续增长

说到抖音云图，第一个概念必然是"5A 人群资产"。"5A"构成了商家在抖音电商的人群资产分层体系。从理论上讲，"5A"是营销大师菲利普·科特勒在《营销革命 4.0》里提出的概念，在这里被抖音应用到品牌用户运营之中。官方定义是这样的：依据用户与品牌间的行为数据可甄别用户对于品牌的认知程度和购买意愿，按照 A1—A5 这 5 个层级进行人群分层，如图 3-7 所示。

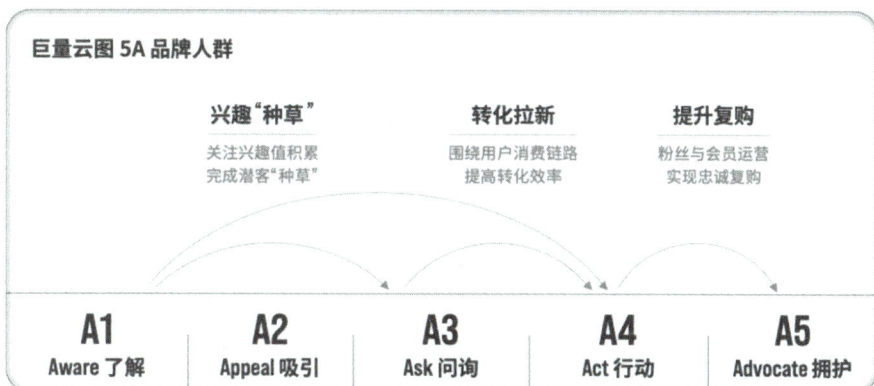

图3-7 人群分层

A1——了解（Aware）：用户被动接受信息，是品牌知名度主要的来源；用户对品牌有感知，但未有进一步互动，品牌多次触达形成深度认知后会进行互动。

A2——吸引（Appeal）：轻交互人群，用户已经形成品牌印象，被品牌创造短期的记忆，多次触达后会采取进一步互动，或形成长期记忆，增加品牌印象。

A3——问询（Ask）：深度交互人群，用户被引起好奇，引发主动搜集品牌相关信息的行为，是最接近转化的一环，只差临门一脚形成转化，是高价值人群。

A4——行动（Act）：深度交互人群，品牌想要让用户采取的行动是购买，以及购买之后的使用及售后服务。

A5——拥护（Advocate）：品牌私域用户，用户可能发展出对品牌的强烈忠诚度，这会反映在用户保留率、重复购买，以及向其他人宣扬品牌的好处上。

品牌通过运营"5A"人群资产，实现用户的兴趣"种草"、拉新转化、提升复购等层级跃迁，提升用户生命周期价值，带来可量化、可沉淀、可优化的科学增长。

那么，问题来了，商家具体该怎么做呢？

1. 做好兴趣"种草"，拓宽生意机会

"种草"能为生意带来增量，一方面，"种草"动作可以帮助商家不断激发新的消费需求，扩大生意机会；另一方面，通过"种草"与转化动作的联动也能整体提高经营效率。商家需要关注优质"种草"内容的供给，通过官方短视频、达人短视频、广告投放等方式，针对目标人群扩大商品的有效曝光。通过分析人群资产结构，关注人群资产积累和流转情况。商家可以对"种草"型内容和卖货型内容进行合理的比例分配。此外，也可以根据"种草"效果调整内容方向，或调

整达人合作策略。

2. 精准锁定人群，提高拉新效率

通过广告产品对高潜力人群打包推送，可实现对"种草"用户的准确拉新。除了品牌已有潜客外，商家也可进行定制化的人群圈选，根据基础的人群画像，或根据人群的品类偏好、大促偏好、内容偏好等行为属性进行圈选，以拓展目标人群。商家可洞察人群内容偏好及商品偏好，并结合商品趋势和内容趋势调整经营策略，进而提高拉新效率。

3. 粉丝与会员"双管齐下"，打通多种复购链路

抖音为商家提供了会员管理工具，商家可通过会员权益如积分换礼、生日福利、VIP 服务等培养用户的复购习惯，并通过站内信等触达方式让店铺会员"活"起来，提高复购率。此外商家也可借助"会员通"打通品牌站外会员信息，实现统一的会员分级管理，共享会员权益。我们来看一个例子。周大福在 2022 年抖音好物年货节期间全面展开会员运营，打通线上线下会员体系，仅一个月会员开卡礼带来的直接成交额就达到了 103 万元。会员的增长变现能力可见一斑。

以上就是抖音的"5A 人群资产"模型（简称 5A 模型）。5A 模型能够有效帮助抖音商家进行用户价值的量化诊断，为商家提供充分的人群洞察，帮助商家了解用户需求，并制定人群运营策略，是超级有用的分析模型。但是 5A 模型也存在一定问题，那就是短视频内容质量及消费心智是否被"种草"，并不是完全可以用技术和数据衡量的。5A 模型可以测算内容及人群数据，但难以度量心智数据。

创新思考

为什么短视频的内容质量和用户是否被"种草"，并不是完全用技术和数量来衡量的。

案例二　短视频创作避踩坑，传播网络正能量

数字时代，短视频凭借类型多样、短小精悍、传播便捷等突出优势，转眼间"飞入寻常百姓家"，日益成为数字生活中重要的传播媒介之一。人们已经习惯了闲时"刷一刷"，随手"拍一拍"，喜欢随手"赞一个"。在短视频深度渗透生活的同时，短视频低俗、庸俗、媚俗、泛娱乐化等问题也日益突出。为提高短视频内容质量，遏制错误虚假有害内容传播蔓延，营造清朗网络空间，国家和行业出台了一系列法律法规、管理制度，对短视频内容创作做出了严格的规范。在国家有关规定、社会规范方面，以下内容是不允许的。

① 危害中国特色社会主义制度的内容。

② 分裂国家的内容。

③ 损害国家形象的内容。

④ 损害革命领袖、英雄烈士形象的内容。

⑤ 破坏社会稳定的内容，激化社会矛盾、影响公共秩序与公共安全的内容。

⑥ 有悖于社会公德、格调低俗庸俗、娱乐化倾向严重的内容。

⑦ 歪曲贬低民族优秀文化传统的内容。

⑧ 不利于未成年人健康成长的内容。

⑨ 侮辱、诽谤、贬损、恶搞他人的内容。

⑩ 展示淫秽色情、渲染庸俗低级趣味、宣扬不健康和非主流的婚恋观的内容。

⑪ 渲染暴力血腥、展示丑恶行为和惊悚情景的内容。

⑫ 宣扬不良、消极颓废的人生观、世界观和价值观的内容。

⑬ 损害民族与地域团结的内容。

除了国家有关规定、社会规范，各主流短视频平台也对短视频内容规范做出了相应规定，包含以下行为的短视频内容也是平台不欢迎的。

① 借助社会负面事件、敏感事件进行商业营销宣传。

② 发布易引发人身安全风险的内容。

③ 发布哗众取宠、恶意审丑等企图博眼球的内容。

④ 过度炒作明星绯闻、娱乐八卦的行为。

⑤ 发布的视频画质模糊，无完整内容，观感体验差，视频内容诱导他人关注、点赞或评论，视频整体为搬运内容。

⑥ 发布刻意照搬、模仿他人创意和文案等同质化内容的行为。

数字时代，短视频给我们的生活带来了更瑰丽的色彩、更多维的视角、更多元的表达。我们要在规则之下用好短视频，借助短视频传播网络正能量，助力网络美好生活建设。只有网络空间风清气朗，短视频才能不"短"，才能发展得更长远。

创新思考

你见过哪些播放量很高但没有宣传正能量的短视频？这些短视频可能给社会带来的危害有哪些？

课后提升

项目四

网络广告推广

　　党的二十大报告提出："加快发展数字经济，促进数字经济和实体经济深度融合，打造具有国际竞争力的数字产业集群。"随着市场竞争的日益激烈，获取用户的成本越来越高，网络广告的成本也越来越高。企业通过技术方法降低网络广告的投入成本，提高搜索排名，是企业提升数字化营销能力，降本增效的重要环节，让我们一起学习网络广告推广的奥秘吧。

教学目标 ↓

◤ 素养目标

1. 具备创新思维，能够在网络广告创意阶段提出创新的广告构思
2. 具备较高的信息化素养，能够运用网络资源，学习微信、抖音、百度等平台网络广告的相关知识和技能
3. 具备正确的价值观，能够创作积极向上的广告作品
4. 具备法律意识，能够在网络广告设计及投放时规避风险

◤ 知识目标

1. 了解网络广告的概念及特点
2. 掌握网络广告的主流形式
3. 掌握网络广告色彩设计的思路方法
4. 掌握网络广告投放的主流平台

◤ 能力目标

1. 能够合理选择网络广告投放渠道
2. 能够在网上收集网络广告的各种素材
3. 能够用软件制作简单的网络广告
4. 能够根据目标用户及产品特点，进行网络广告的定向投放

思维导图 ↓

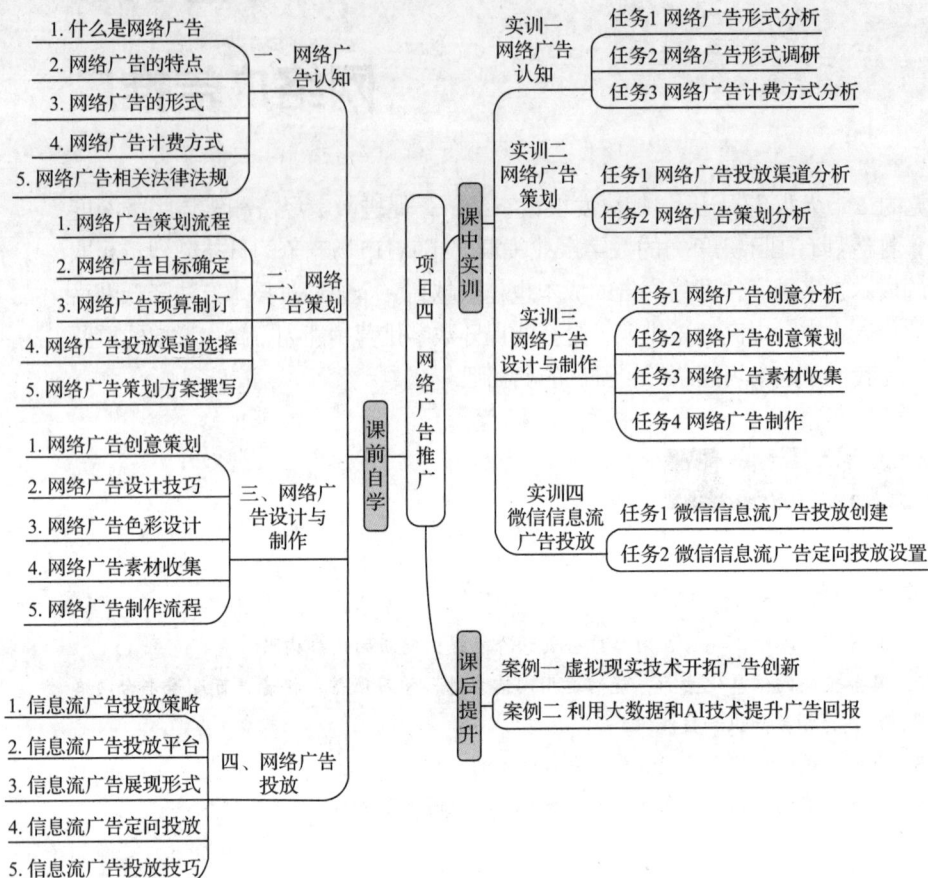

学习计划 ↓

● 素养提升计划

_____

_____

● 知识学习计划

_____

_____

● 能力训练计划

_____

_____

课前自学

博古通今

最早的广告
——陈肆辨物

最早有据可查的广告记载出现在西周时期。《周礼》就有一节记述当时的"司市"（司，掌管之意）之官"以陈肆辨物而平市"。"以陈肆辨物而平市"的意思是，将档次不同、种类各异的商品分别摆放陈列在不同的摊店里，又将不同商品价格写在店外旗幡上，以便供买者识别、比较和选购，做到价格合理、交易公平。这种"陈肆辨物"的商品销售方式是一种典型的商品陈列广告。

古为今用

"陈肆辨物"告诉我们什么道理？

一、网络广告认知

1. 什么是网络广告

网络广告是随着互联网发展起来的一种广告形式。网络广告是指通过网络广告投放平台，在互联网刊登或发布广告，通过网络传递到互联网用户的一种广告运作方式。与传统的四大传播媒体（报纸、杂志、电视、广播）相比，网络广告具有自己的优势，是实施现代营销媒体战略的重要部分。

网络广告在网络营销方法体系中占有举足轻重的地位，很多网络营销方法都可以理解为网络广告的具体表现形式。它并不仅限于放置在网页上的各种规格的 Banner 展示广告、视频广告，诸如电子邮件广告、搜索引擎关键词广告、游戏植入广告等都可以理解为网络广告的具体表现形式。

知识拓展

中国网络广告发展现状及展望

艾瑞咨询《2023Q1 中国营销市场季度动态监测报告》显示，2022 年中国网络广告市场规模达 10065.4 亿元，虽然突破了万亿关卡，但与 2021 年相比增长率仅为 6.8%，近年来首次增长率跌破 10.0%。艾瑞分析认为，随着政策的不断完善，中国资本市场对双向开放的持续强化，以及人工智能等新兴技术的迅速发展，品牌营销获得了新鲜的发展土壤，因此中国网络广告市场或将出现回暖，2024 年规模预计可达 12549.9 亿元，增长率或将提高至 10.4%，如图 4-1 所示。未来 3 年，中国网络广告市场在度过了互联网带来的红利期后，增长将逐渐趋于平稳。

2018—2025年中国网络广告市场规模

图4-1　2018—2025年中国网络广告市场规模

从中国网络广告不同形式的份额构成来看，2022年除电商广告、信息流广告和视频贴片广告份额同比增加外，其余形式广告的份额均呈下降趋势，这3类广告形式份额分别上升8.2%、15.3%和9.9%。在互联网覆盖领域不断扩宽等因素的共同作用下，线上消费生态愈发完善，用户的消费习惯加速向线上转移，电商广告与信息流广告的市场份额仍稳居前两大广告形式，占比分别为40.8%和39.2%。视频贴片广告的市场占比并无明显变化，但份额同比增速较高的核心原因或为广告主预算分配模式回归保守，部分企业将投入在创新广告形式中的预算转移到形式成熟、曝光稳定的贴片广告中。

2．网络广告的特点

网络广告是指通过图文或多媒体方式发布的广告，其基本性质属于传统宣传模式，但网络广告具有传统广告无法比拟的特点。

① 传播范围广泛。网络广告的传播范围极其广泛，不受时空限制，可以通过互联网把广告信息全天候、24小时不间断地传播到世界各地。网民具有较高的消费能力，是网络广告的受众，他们可以在世界上任何地方的互联网上随时随意地浏览广告信息。相对于网络广告，传统广告是无法达到这些效果的。

② 非强迫性传送资讯。报纸、杂志、电视、广播、户外等广告都具有一定强迫性的灌输，而网络广告则属于按需广告，可以将用户要找的资讯集中呈现出来，这样就省了用户时间，避免无效被动的注意力集中。

③ 受众数量可准确统计。传统媒体很难准确知道有多少人接收了广告信息，以报纸为例，虽然报纸的读者是可以统计的，但有多少人阅读过报纸上的广告只能估计推测。而网络广告可通过访客流量统计系统，精确统计出每个客户的广告被多少个用户看过，以及这些用户查阅的时间分布和区域分布，从而有助于企业正确评估广告效果，审定广告投放策略。

④ 灵活的实施性。在传统媒体上做广告发布后很难更改，即使要改动往往也需要付出很大的经济代价。而在互联网上投放广告能按照需要及时变更广告内容，经营决策的变化也能及时实施和推广。

⑤ 强烈的交互性与感官性。网络广告的载体基本上是多媒体、超文本格式文件，现在也会运用一些虚拟现实等新技术，让用户如身临其境般感受商品或服务，并能在网上预订、交易与

结算，大大增强了网络广告的交互性与感官性。

3．网络广告的形式

随着移动互联网的普及，各种各样的广告形式层出不穷，下面列出几种主流的网络广告形式。

（1）Banner展示广告

作为网络广告的最初形式，Banner展示广告包含各种形式，如横幅广告（见图4-2），一般在网页上方显示；文本链接广告（见图4-3），以一排文字作为一个广告，单击即可进入相应的广告页面；浮动广告（见图4-4），可在屏幕上移动或浮动在网站的内容上的广告；壁纸广告，显示并更改网站的背景，填满整个页面的广告，如现在在手机App上常见的开屏广告（见图4-5）；弹出广告，出现在网站内容前面的新窗口，新打开的窗口显示完整的广告，以便访问者看到更多的内容（见图4-6）。

图4-2　某网站横幅广告

图4-3　某网站文本链接广告

图4-4　山东商业职业技术学院首页浮动广告

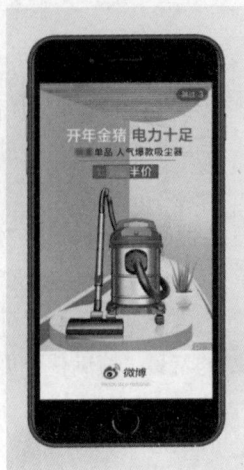

图4-5　新浪微博开屏　　　　图4-6　某手机App弹出
　　　　广告　　　　　　　　　　　　广告

（2）信息流广告

信息流广告是位于社交媒体用户的好友动态或资讯媒体和视听媒体内容流中的广告。信息流广告的形式有图片、图文、视频等，特点是算法推荐、原生体验，可以通过标签进行定向投放，根据客户的需求选择曝光、落地页或应用下载等。例如，微信朋友圈广告就是信息流广告，如图4-7所示。打开百度或今日头条，也可以看到很多信息流广告，如图4-8所示。

图4-7　朋友圈信息流广告

图4-8　百度信息流广告

（3）视频广告

视频广告是从信息流广告中分化出来的一种广告形式。随着5G时代的快速发展，多样化、创意新的视频广告，尤其是短视频广告，越来越受人们的欢迎。视频广告分为传统贴片广告（见图4-9）、信息流视频广告（见图4-10）和App内置视频广告（见图4-11）。

142

图4-9 爱奇艺视频贴片广告

图4-10 信息流视频广告

图4-11 内置在某游戏App中的汽车广告

（4）搜索引擎广告

搜索引擎广告是基于搜索引擎平台的网络广告，利用用户对搜索引擎的依赖和使用习惯。企业通过搜索引擎付费推广，让用户可以直接与企业客服进行交流，实现交易，是常见的在线付费广告形式。百度、360搜索、搜狗等搜索引擎都有广告，它们一般出现在搜索页的顶部或侧面显眼的地方，图 4-12 所示为百度搜索引擎广告展示。

微课视频

1 分钟了解搜索
引擎竞价

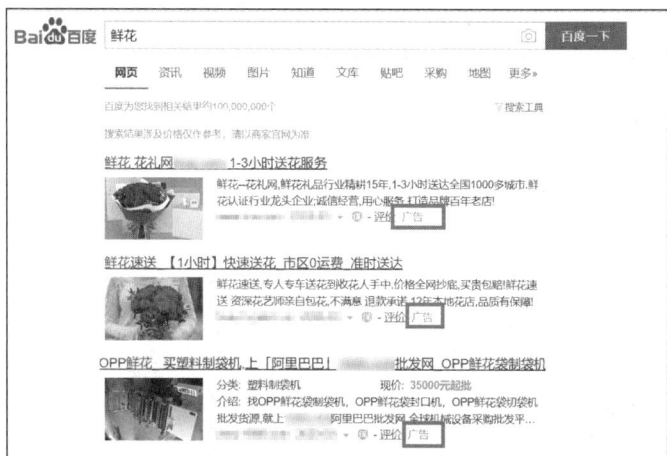

图4-12 百度搜索引擎广告展示

（5）电子邮件广告

电子邮件广告是以电子邮件为传播载体的一种网络广告形式，是较早出现的网络广告形式，因为便宜、便捷，目前很多企业仍然在使用。图4-13所示为大众点评网电子邮件广告。电子邮件广告有可能全部是广告信息，也可能在电子邮件中穿插一些实用的相关信息；可能是一次性的，也可能是多次的或定期的。通常情况下，网络用户需要事先同意加入该电子邮件广告邮件列表，以表示同意接收这类广告信息，才会接收电子邮件广告，这是一种许可行销的模式。那些未经许可而收到的电子邮件广告通常被视为垃圾邮件。

图4-13　大众点评网电子邮件广告

练一练

用手机打开网页或直接点击手机上的 App，能看到几种网络广告？

博古通今

古代广告形式

许多古老的广告形式至今仍在许多地方继续使用并发挥着作用。

1. 口头广告

口头广告又称叫卖，是最原始最简单，也是至今仍最常见的广告形式。屈原的《天问》中记载：师望在肆，昌何识？鼓刀扬声，后何喜？相传辅佐周文王建立霸业的姜太公在未被起用时曾隐居市井，操屠宰之业。姜太公在铺子里"鼓刀扬声"，正是通过口头广告——高声叫卖吸引了周文王的注意。

2. 旗帜广告

旧时用旗帜作广告曾经十分流行，尤以酒旗最多，以致诗人有"酒旗风"之说。这种旗帜又叫幌子。远在春秋战国时期的韩非子，在其《外储说右上》中有过对酒旗的记载：宋人有沽酒者，升概甚平，遇客甚谨，为酒甚美，悬帜甚高。可见远在春秋战国以前，我国就已经出现旗帜广告。

3. 招牌广告

招牌悬挂在店门前，也是古代广告的一种形式。招牌有横额、竖牌和挂板之分，一般用文字写出店名，也有图文并用的，在1000多年前张择端画的《清明上河图》中，宋朝汴京城内十字街口的商店已广泛地出现各种横的和竖的招牌，可见招牌的出现远在宋朝以前。

4. 悬物广告

古代的小店往往在门前悬挂与其经营特征有关的物品（如山货野味）或习惯性标志（如灯笼）作为广告。《史记·司马相如列传》记载，相如"买一酒舍沽酒，而令文君当垆"，就是在酒店前垒土为垆，安放酒瓮，卖酒者坐在垆边卖酒。舍就是以垆作为酒店的标志。

古为今用

请在网上查找《清明上河图》，看看其中都呈现了什么广告？思考一下古代招牌广告和现在的Banner广告有什么异曲同工之处？

4．网络广告计费方式

（1）按展示计费

每千次印象费用（Cost Per Mille，CPM）是常用的网络广告定价模式之一，指广告每显示1000次（印象）所需要支付的费用。

经过定位的用户的千次印象费用（Cost Per Targeted Thousand Impressions，CPTM）。CPTM与CPM的区别在于，CPM是所有用户的印象数，而CPTM只是经过定位的用户的印象数。

微课视频

常用网络广告计费方式

（2）按点击计费

每次点击的费用（Cost Per Click，CPC）根据广告被点击的次数收费。例如搜索引擎竞价关键词广告一般采用这种定价模式。

（3）按行动计费

每次行动的费用（Cost Per Action，CPA）是根据每个访问者对网络广告所采取的行动收费的定价模式。用户行动包括形成一次交易、获得一个注册用户或者对网络广告的一次点击等，这种模式是效果付费，在App投放时应用较多。

（4）按销售计费

按销售计费（Cost Per Sale，CPS）是按照营销效果计费，营销效果一般是指销售额，这种模式是外包用得较多的一种计费模式。

（5）按时间计费

按时间计费（Cost Per Time，CPT）就是包时段展现，目前在信息流领域有类似的计费模式，如百度信息流或网易新闻客户端，可以包下某个广告位一段周期的固定展现，不限人群的广撒网式的曝光，流量较大。

想一想

搜索引擎竞价广告使用哪种计费方式？今日头条的开屏广告使用哪种计费方式？

5. 网络广告相关法律法规

与网络广告联系密切的法律法规有《互联网广告管理办法》《中华人民共和国广告法》等，其中《互联网广告管理办法》是为了规范互联网广告活动，保护消费者的合法权益，促进互联网广告业的健康发展，维护公平竞争的市场经济秩序的法规。该办法自2023年5月1日起施行。

⚖ **法治护航**

《互联网广告管理法》四大关键方向

2023年2月25日，国家市场监督管理总局发布《互联网广告管理办法》，于2023年5月1日起实施，2016年7月4日原国家工商行政管理总局令第87号公布的《互联网广告管理暂行办法》同时废止。管理办法中主要涉及四大关键方向。

① 行业审核。医疗、药品、医疗器械、农药、兽药、保健食品、特殊医学用途配方食品广告若未经由广告审查机关审核，不允许发布；烟草（含电子烟）、处方药（除非法律、行政法规另有规定）不可发布互联网广告等。

② 须可识别。通过知识介绍、体验分享、消费测评等形式推销商品或服务，并附加购物链接等购买方式的，广告发布者应当显著标明"广告"等。

③ 禁止误导。以弹出等形式发布互联网广告，广告主、广告发布者应当显著标明关闭标志，确保一键关闭；不得欺骗、误导用户点击、浏览广告等。

④ 责任明确。进一步明确了对互联网广告发布者和互联网信息服务提供者的定义；广告经营者、广告发布者应当建立、健全和实施互联网广告业务的承接登记、审核、档案管理制度；直播相关主体应承担法律责任等。

二、网络广告策划

1. 网络广告策划流程

网络广告策划是指根据广告主的网络营销计划和广告目的，在市场调查的基础上对广告活动进行整体的规划或战略布局，是从全局角度展开的一种运筹和规划，是对整个网络广告活动加以协调安排的过程。下面介绍网络广告策划的流程。

微课视频

优秀的广告始于策划

（1）确定网络广告的目标

广告目标的作用是通过信息沟通使消费者产生对品牌的认识、情感、态度和行为的变化，从而实现企业的营销目标。企业在不同发展时期有不同的广告目标。对于销售产品广告，在产品的不同发展阶段，广告的目标也不同，可分为提供信息、说服购买和提醒使用等。

（2）确定网络广告的目标群体

确定网络广告的目标群体是确定希望让谁来看，他们来自哪个群体、哪个区域等。只有让合适的用户来参与广告信息活动，才能使广告有效地实现其目标。

（3）进行网络广告创意及策略选择

① 要有明确有力的标题。广告标题是一句吸引消费者的带有概括性、观念性和主导性的语言。

② 要有简洁的广告信息，如"全场买300元减100元，无门槛优惠券"，让消费者对广告的主要信息内容一目了然，从而决定是否点开广告。

③ 要体现发展互动性，如在网络广告上增加游戏、抽奖、摇一摇、大转盘等功能，提高访问者对广告的兴趣。

④ 要合理安排网络广告发布的时间，包括对网络广告时限、频率、时序及发布时间的考虑。时限是广告从开始到结束的时间长度，频率即在一定时间内广告的播放次数，时序是指各种广告形式在投放顺序上的安排，发布时间是指广告发布是在产品投放市场之前还是之后。

⑤ 要确定网络广告费用预算。企业首先要确定整体促销预算，再确定用于网络广告的预算。

⑥ 设计好网络广告的测试方案。网络广告在正式投放前，企业要进行一系列的测试，如哪个时间段投放好？哪个地区投放好？选择什么样的标签好？经过一系列的测试，才能决定投放方案。

（4）选择网络广告投放渠道

网络投放广告的渠道众多，各有优势，企业应根据自身情况及网络广告的目标，选择网络广告投放渠道。

2. 网络广告目标确定

网络广告是企业营销策划的一个组成部分，企业根据自身的发展及市场竞争的需要，在不同时期有不同的广告目标。不同的广告目标会导致广告策略的差异。例如，新产品上市告知的重点应该在广告接触总人数，而非页面显示次数；内容应在广告本身就传达完成，而非依靠链接的网页内容；品牌广告的重点应在显示次数，也就是高曝光率，还可考虑活动赞助的方式；商品促销应该在广告中提供行动诱因及清楚的诉求，促使观看者点击。总之，要想高效投放广告，首先要确定广告目标。

网络广告的目标主要有建立品牌认知或偏好、促使用户即时购买和刺激用户交互行为3个方面。

① 建立品牌认知或偏好。这类广告对销售的影响是间接的，重点在于强调产品情感和功能利益，评测指标是广告在提高用户对品牌的认知和偏好上的影响。

② 促使用户即时购买。这类广告的重点是价格优惠和促销活动，如优惠券、抽奖和赠品等，评测指标是销售量的增加。

③ 刺激用户交互行为。促使用户参与企业的互动，评测指标包括点击率、注册数量和请求信息的数量等。

在确定网络广告的目标后，企业需要分析自己的需求，为网络广告的投放设定一个目标效果。例如品牌广告，企业需要明确此次网络广告投放对自己产品的品牌知名度能够提高多少；若是产品广告，则需要明确广告投入对应的新研发产品的销售额能够达到多少。这些目标将是企业今后评定广告效应的重要依据。

此外，为使网络广告的创意、制作、发布更具有针对性，企业需要分析目标用户的特点与行为，如年龄、性别、文化程度、职业特征，以及用户的生活习惯、消费习惯、网络行为等；了解用户主要聚集的网站和喜欢的内容等，或者通过哪些网站查询信息，通过哪些渠道互相交流，这些都有助于网络广告目标的确定。

想一想

你认为网络广告的目标在确定过程中还需要考虑哪些因素？

3．网络广告预算制订

企业可依据目标用户情况及广告目标，借鉴传统广告预算方法，参照网络广告收费模式和具体站点的收费水平，配合企业广告总预算来决定网络广告的支出水平。

制订清晰准确的网络广告预算不仅为广告主提供了控制网络广告活动的有效手段，保证其有计划地使用经费，还为评价网络广告效果提供有效的经济指标，促进网络广告效果的提升。

一般来说，制订网络广告预算主要有以下步骤。

① 调查研究影响网络广告预算的主要因素。

② 分析企业上一年度的销售额。

③ 分析历年来本企业产品的销售周期。

④ 确定广告投资总额。

⑤ 具体分配网络广告预算。

⑥ 制定控制与评价的标准。

要想确定用于网络广告的预算，企业可以运用量力而行法、销售百分比法、竞争对等法和目标任务法。量力而行法即确定广告预算的依据是企业所能拿得出的资金数额；销售百分比法即企业按照销售额（销售实绩或预计销售额）或单位产品售价的一定百分比来计算和决定广告开支；竞争对等法是指企业比照竞争者的广告开支来决定本企业广告开支的多少，以保持竞争上的优势；目标任务法是指企业先明确地确定广告目标，然后决定为达到这种目标而必须执行的工作任务，最后估算执行这种工作任务所需的各种费用，这些费用的总和就是广告预算。

除此之外，制订网络广告预算的方法还有市场占有率法、增减百分法、支出可能定额法、任意增减额设定法、模拟定量计算法等。

上述广告预算的确定方法各有利弊，对于不同的企业、不同的市场状况，使用效果也不尽相同。企业在确定广告总预算时，可灵活选择其中适用的一种方法，或几种方法组合使用，从而确定恰当、准确的广告经费，既不浪费，又能达到预期的目的。

4．网络广告投放渠道选择

企业发布网络广告的途径有多种，可根据自身的需求，按照广告效应最大化的原则从中选择一种或几种。

（1）企业主页

企业主页不但是树立企业良好形象的载体，也是进行产品宣传的绝佳窗口。在互联网上发布的网络广告，无论是旗帜广告还是按钮广告，都提供了快速链接至企业主页的方式，所以，企业建立自己的主页是非常有必要的。

（2）微博、微信、抖音等新媒体平台

随着"两微一抖"等新媒体的兴起，网络广告拥有了新的发布方式。企业通过官方的微博、微信或抖音账户来推送广告，目标定位准确，针对性很强，受关注程度比较高。现在新媒体越来越多，如小红书、快手、知乎等都可以进行网络广告投放。

微课视频

网络广告投放渠道有哪些？

（3）搜索引擎网站或内容网站

在互联网上，有一些专门用于查询检索服务的网络服务商的站点。这些站点如同电话黄页一样，按类别划分，便于用户进行站点查询，在其页面上都会留出一定的位置给企业做广告。

内容网站如搜狐、网易、新浪、凤凰网等，它们提供了大量的互联网用户感兴趣并需要的免费信息服务，包括新闻、评论、生活、财经等内容。这些网站的访问量非常大，也是网络广告发布的主要阵地。另外，移动端内容 App 有很多，如今日头条、网易新闻、一点资讯等，也可以进行网络广告发布。

（4）垂直类网站、垂直类 App

垂直类网站是指汇聚某一类产品直接在互联网上进行销售的网站。以"汽车之家"网站为例，消费者只要在一张表中填上自己所需汽车的类型、价位、制造者、型号等信息，然后轻轻单击一下搜索键，计算机屏幕上就会立刻出现满足消费者需要的汽车的购买信息。所以，对于汽车代理商和销售商来说，这是一种很有效的网络广告方式。

手机端也有很多垂直类 App，如处理图片类的美图秀秀、天天 P 图，外卖类的饿了么、美团，旅游住宿类的携程、去哪儿，运动健康类的 Keep、咕咚。企业可以根据自己的产品特点，选择垂直类 App 进行网络广告的投放。

（5）友情链接

利用友情链接，企业间可以相互传递广告。建立友情链接要本着平等的原则，这里的平等有着广泛的含义，网站的访问量、在搜索引擎中的排名位置、相互之间信息的补充程度、链接的位置、链接的具体形式等都是必须考虑的因素。

（6）网络报刊

在互联网日益发达的今天，一些著名的报纸和杂志，如《人民日报》《文汇报》《中国日报》等，也纷纷"触网"，在互联网上建立自己的主页，主页一般也设计了网络广告的位置。

随着互联网技术的飞速发展，网络广告投放渠道更加多样化、智能化。企业要想与时俱进，就要适时选择适合自身情况并且能够使广告效益最大化的投放渠道。

想一想

化妆品广告适合投放在哪一类广告渠道中？大型机械设备的广告适合投放在哪一类广告渠道中？

👤 **知识拓展**

网络广告发布方式

企业投放网络广告可以选择自主发布，也可以寻找代理发布。

1. 自主发布

自主发布即企业自己进行广告策划，制作网络广告并选择网络广告媒体发布，主要有以下几种投放方法。

（1）在大型媒体网站上发布广告

企业一般访问大型媒体网站网络广告投放页面，查找联系电话后与业务代表联系，按要求制作与发布网络广告。

（2）利用网站联盟平台到中小网站发布广告

网站联盟平台是指通过联结上游广告主和下游加入联盟的中小网站，通过自身的广告匹配方式，为广告主提供高效的网络营销推广，同时为众多中小站点提供广告收入的平台。

根据网站联盟的广告形式和平台性质，网站联盟通常分为以下4类。

① 搜索竞价联盟。搜索竞价联盟是指以搜索引擎应用为核心的广告联盟。联盟的组织者为搜索引擎服务商，具体的模式如在各加盟网站上放置搜索框，供用户使用搜索功能，既为网站自身带来便利，又提高了搜索引擎的点击率。搜索引擎也会根据各网站所贡献的搜索量支付加盟网站一定的费用，这样就达到了双赢的效果。这类联盟往往是由搜索引擎公司发起成立的，如百度联盟、360搜索联盟等。

② 独立第三方广告联盟。独立第三方广告联盟是指聚集中小站点资源，以第三方的联盟平台为主的广告联盟。它有自身的广告主资源，同时兼营网络广告分销业务，如成果网、亿起发、软告移动 PMP 广告交易平台等。

③ WAP 广告联盟。WAP 广告联盟是指基于移动互联网，通过手机完成点击或付费的广告联盟。它汇集各中小独立 WAP 流量并打包，吸引广告主依据流量投放广告，产生定购关系，获得的广告收入在联盟成员中分配，如阿里妈妈、多盟等。

④ 电子商务联盟。电子商务联盟是指以电子商务广告主为主的广告联盟。联盟的付费方式以 CPS 为主，如易购网等。还有主要为淘宝商家服务的淘宝联盟，以及为企业自身经营服务的当当网联盟、京东联盟等。

2. 寻找代理发布

代理发布即广告主不直接与网络广告发布媒体接触，而是委托具有相应资质的网络广告企业来代理广告业务的运作。目前网络广告代理商分为两大阵营，第一阵营为全案策划，第二阵营为媒介购买。第一阵营全案策划服务于多行业的广告企业或媒体集团；第二阵营以媒介购买为业务重点，这类企业可分为两类，即投放多行业的企业和专注某行业的企业。

5．网络广告策划方案撰写

网络广告策划方案是指根据广告主的网络营销计划和广告目标，在市场调研的基础上对广告活动进行的整体规划或战略决策，包括广告目标确定、战略战术研究、经费预算制订等，最终形成文字，完成与市场情况相适应的经济有效的广告策划方案。

一个较完整的广告策划书主要包括 5 个方面的内容，即市场分析、广告策略、广告创意、广告推广渠道、广告预算及效果评估。

（1）市场分析

下面通过 5 个方面进行市场分析。

① 对营销环境进行分析，包括宏观环境分析和微观环境分析。

② 对竞争状况进行分析，本行业的主要竞争来自同行业的竞争，以及低端或高端产品的市场竞争。

③ 对消费者进行分析，明确产品的目标消费者，是学生群体，还是年轻的上班族或老年人？消费者喜好是什么？

④ 对产品进行分析，分析产品特征、产品生命周期及产品定位。

⑤ 对企业和竞争对手进行分析，分析企业的竞争地位及竞争对手情况，如华为与小米的竞争分析。

（2）广告策略

首先要明确广告目标策略，企业提出根据市场情况可以达到的目标并准确表述广告目标；其次要明确广告定位策略，分析广告定位的必要性以及新定位的依据与优势；最后要明确广告诉求策略，清楚广告诉求对象的特性与需求、广告的诉求重点及诉求方法。

（3）广告创意

广告创意主要包括广告创意策略和广告创意表现。广告创意是广告的灵魂所在，广告创意策略是广告创意的核心内容。例如，某款手机的网络广告把触动消费者内心世界的最有力的信息称为手机品牌核心价值。它让消费者明确、清晰地识别并记住品牌的利益点与个性，是驱动消费者认同、喜欢乃至爱上一个品牌的主要力量。

广告创意表现就是广告的呈现，如华为手机广告的主题是"科技改变生活"。广告创意文案有励志的，也有讲故事的。

（4）广告推广渠道

首先要分析各个推广渠道的特点、优劣势；其次要分析目标消费群体喜欢从哪些渠道获取信息；最后通过对比选择合适的一个或多个网络广告渠道进行投放。

（5）广告预算及效果评估

根据广告目标及企业预计投放的资金费用，编制网络广告预算及媒体投放预算，并对网络广告投放后在一定时间内取得的效果进行预估。

三、网络广告设计与制作

1. 网络广告创意策划

网络广告创意是介于广告策划与广告表现制作之间的艺术构思活动，即根据广告所要表现的主题，经过精心思考和策划，运用艺术手段和网络工具将所掌握的材料进行组合，以塑造具体的、可感知的形象的过程。网络广告在产品的价值链中起到沟通广告主与消费者之间信息的桥梁作用，所以，如果想产生有用的广告创意，网络广告创意人必须对营销原理有所了解，并从传播的角度思考问题。

（1）网络广告的创意步骤

① 网络广告创意人必须了解自己的目标消费群体及其需求，并了解如何与他们沟通。只有实现有效的传播沟通，广告才可能是成功的。

② 网络广告创意人要对需要做广告的产品或服务进行充分的了解。如果是适合自己使用的个人消费品，网络广告创意人要尽量尝试使用广告的产品或服务，去体验消费者使用产品或服务的真实感受。

③ 网络广告创意人同时也要分析竞争对手的情况，了解竞争对手的产品或服务有何优点和缺点，了解竞争对手的广告是如何做的。

④ 网络广告创意人在筛选、提取销售信息时，要考虑消费者在看到销售信息时会有哪些反应和行动。例如，目标消费者在看到广告后，是否喜欢这个产品，是否会去商场购买这个产品，是否愿意通过广告邮购这个产品等。

（2）网络广告创意的一般要求

① 运用多媒体技术，增强网络广告的吸引力。网络广告可以利用文字、声音、图片、色彩、

动画、音乐、电影、三维空间、虚拟视觉等所有网络媒体的功能，增强广告的吸引力，满足人们求新、求变的心理，充分调动网络受众的兴趣，促使他们在畅游网络世界时，能够在网络广告的指引下充分享受购物的乐趣。

② 区分不同产品，选择不同页面。不同产品的广告信息适合在不同页面发布，广告创意也要针对不同页面进行设计。大众消费品适应面广，适合在网站的首页发布；而专业化程度比较高的产品则适合在专业网页（或网站）上发布。

③ 争取受众反馈，促成网上购买。在进行网络广告创意设计时，一定要争取受众反馈，最后促成购买。如果这些人在网上看到自己喜欢的产品广告后，能立即购买，就会大大提升广告的促销效果。

他山之石

某房地产网站的网络广告创意

图4-14所示为平安好房网络广告展示图，该网络广告以图片为主，在图片中展示了品牌元素、主视觉设计等，用真实的图片作为主场景增加了广告的代入感。

品牌元素	文案联想
Logo位置突出，Logo清晰，增加平台真实性，知名平台用户更信赖。	A.推开××之窗，撩动看海踏浪的心情 B.坐居欧陆风情街，放眼██公园景

主视觉	洞察
画面以暖色调为主，让创意有亲近感，真实拍摄的图片给画面制造场景与想象空间，增加用户代入感。	"租房必看"表明主题，强烈语气增加用户好奇心。"1500元以下地铁/公交找房攻略"突出优惠卖点，吸引用户关注。

图4-14 平安好房网络广告展示图

---

2. 网络广告设计技巧

（1）广告内容要醒目，能快速吸引眼球

内容醒目的网络广告是提高点击率的关键。网络广告除了要有合适的图片、颜色、字体大小等，还要用文案本身的文字来吸引用户。广告文案中必须包含让用户一看到就会兴奋的关键词，如"免费""打折""好处""你将得到"等。这类关键词会影响人的潜意识。此外，还要多使用数字，如汉字的"一百万"和数字的"100万"，视觉冲击力是完全不一样的。

（2）广告语要短，描述产品好处要具体

广告语不能容纳太多的文字，不要过多地考虑语法，否则就会把句子写得很长。广告语还要突出具体的产品好处，最好以数字化的形式展现，如"价格便宜没有风险"，可以改为"5折购买、货到付款、随便退"。

（3）要让人看了就想行动，进行更进一步的了解

如果用户看了广告没有行动，不去点击，那么就不会进行更进一步的了解。对于一些大型企业或品牌商，广告可能达到了目的，但是对于一般中小型企业，广告就没有起到效

果。广告语中要有一个行动的号召，并且要特别方便，如可以直接留电话号码，可以用较大的按钮提示进行下一步操作。当广告中设计一些"命令"语言时，用户看到后就会有所行动。

练一练

在网上找一个你认为设计感不错的网络广告，并进行分享。

博古通今

挂羊头卖狗肉

众所周知，成语"挂羊头卖狗肉"是一个贬义词，比喻以好的名义做幌子，实际上名不副实或做坏事。"挂羊头卖狗肉"最早出自《晏子春秋》，原文和羊和狗都没有关系，实际上是"挂牛头卖马肉"。《晏子春秋·内篇杂下》中记载，"犹悬牛首于门，而卖马肉于内"，用悬牛头卖马肉来比喻一些官员的奸佞行为，并非记录各种客观存在的市场行为，但这个比喻也可以说明，在晏子生活的春秋时代，类似挂牛头的悬物幌子广告已经出现。

古为今用

结合"挂牛头卖马肉"思考，我们在进行广告设计的时候应注意什么？

---

3. 网络广告色彩设计

在网络广告中，色彩设计具有重要的意义，设计者要考虑网络广告自身特点，遵循其个性，从网络广告设计的构思方法上去寻求色彩设计的创意，根据不同的设计目标来选择不同的设计思路。下面介绍常用的 4 种网络广告色彩设计思路和方法。

> 微课视频
>
> 用色彩传达网络广告信息

（1）以信息传达为目标进行设计

传达信息是网络广告最重要的目的，人们的视觉是获得信息的主要方式，设计者可以通过网络广告中的色彩搭配和应用来传达广告中的信息。如何在大量的信息中让消费者注意到某一产品的广告？这就需要通过设计者对色彩的合理搭配和应用，让网络广告鲜明生动，从众多网络信息中脱颖而出，吸引消费者的目光，并且将这种强烈的视觉冲击与广告中的产品信息结合起来，起到良好的广告宣传效果。图 4-15 所示为华为的网络广告，华为标志设计的寓意主要体现在其字形和色彩上。红色的气泡在设计中使用了椭圆曲线波浪纹理，象征着华为的技术创新与领先。红色作为华为标志设计的主要色彩，寓意着活力、激情与动力。同时，红色在我国文化中也代表着好运与吉祥。

图4-15 华为的网络广告

（2）以目标消费者定位为主要内容进行设计

在网络广告设计中，设计者首先要明确广告目标消费者的定位，并分析他们的年龄层次、审美爱好、文化背景等，然后再结合广告产品来选择适合的色彩搭配，就可以达到很好的效果。

例如，面向儿童的网络广告应该选择鲜艳、生动的色彩；以年轻女性为目标的广告则要选择有时尚感、有青春活力的色彩。聚美优品就是一家针对女性消费者的网站，它的网络广告选择了能带给人柔美感、清新感的色彩，如图4-16所示。

（3）以企业形象为主要内容进行设计

企业形象设计中的视觉识别系统最具传播力和感染力，也更容易被公众辨认、接受和记忆，具有重要的意义。因此，企业形象设计中的视觉识别系统是网络广告色彩设计中的重要参考因素之一。小米的品牌标识"MI"类似于汉字"米"，与品牌名称相呼应，强化了品牌识别度。小米的主色调为橙色和白色，橙色代表活力、创新和年轻，白色代表简洁、纯净和高雅，保持了科技感和现代感，小米的网络广告如图4-17所示。

图4-16 聚美优品的网络广告　　　　　　图4-17 小米的网络广告

（4）以艺术美学为主要内容进行设计

艺术美学不是让网络广告单纯地展示其艺术性，而是将艺术美结合广告中产品的功效、宣传的内容，让消费者在愉快、舒适的艺术享受中不知不觉地接受广告信息。例如某茶叶的网络广告，结合了大量古典艺术元素，广告画面背景为淡雅的庭院，点缀了水墨画的元素，整个动画富有动感，淡雅的艺术美感结合产品，很好地传达了这款茶叶原创、原味、原生的广告信息，如图4-18所示。

图4-18 某茶叶的网络广告

练一练

请在网上自主查询广告配色原理，并找到一个你认为好的配色广告，在小组内进行分享。

4. 网络广告素材收集

吸引眼球的素材是网络广告最终效果表现良好的关键。那么，酷炫、高清的图片或视频素材是如何获得的？下面介绍常用的素材收集网站及各自的特点。

（1）图片类素材

① 花瓣网。花瓣网的图片非常多且分类清晰，画板功能非常实用，能找到同类图片，更加方便做素材。

② 千图网。相比花瓣网，千图网更加偏专业和商务，除图片素材之外，还有各种文档模板。

③ 必应。在必应中输入相关关键词即可搜索，其网站图片清晰度及质量相对高一些。设计

者可以多浏览、多收集素材，培养素材灵感。

④ 昵图网。昵图网收录了大量摄影、设计、多媒体等数字化视觉文件，设计者可以通过浏览这个网站来寻找灵感。

⑤ Pexels。Pexels 是一个提供免费图片和视频的素材网站，该网站的素材质量较高，可以帮助设计者进行素材搜集。

⑥ 全景网。全景网是付费素材网站，图片比较精美。设计者直接登录全景网搜索素材关键词，所使用的大部分图片素材只需下载小样图就够用了，如果要用高质量大图则需要付费。

⑦ 优设导航。优设导航网站包括 UI 设计、素材下载、高清图库、配色方案、用户体验、网页设计等功能。

（2）视频类素材

现在视频广告已经成为主流，视频广告更加直观，设计者可以从以下渠道搜集优质视频素材。

① 哔哩哔哩。设计者可以在哔哩哔哩网站中搜集很多不错的素材，而且可以录制视频中的动图，发布在博文中。该网站的视频素材比较符合网络用户需求，容易获得大量的互动。

② 其他视频网站。优酷、百度视频、腾讯视频都可以作为网络广告视频素材的来源，设计者可以在下载视频后利用爱剪辑进行分段录屏，制作动图。

练一练

试着用上面的网站，下载化妆品类的产品图片、视频素材。

5. 网络广告制作流程

网络广告制作是广告投放到市场前的一个重要工作，下面介绍网络广告制作的流程。

（1）图片和文字选择

这里主要指主题图和文字的确定。

主题图——广告的中心图画，用来展现广告的首要内容，如商品或人物。主题图通常起到吸引眼球、赢得用户注意的作用。

文字——文字是广告的重要组成部分，当主题图把用户吸引过来后，就需要文字迅速有效地向用户传达广告内容，文字的内容、表现形式等都会影响广告宗旨的传达。商业商品广告很少有不需要文字的情况。

（2）图形绘制和图像处理

有了主题图和文字后，为了让网络广告表现力更强、展现效果更好，设计者需要通过图形制作工具进行处理，如绘制矢量图形、对图片进行美化、为文字设计特效等。图形制作工具最常用的是 Photoshop，但目前网上也有很多容易操作的小软件。

（3）网页动画制作

网页动画技术的引进使得网络广告变得异常生动。制作 GIF 动画最简单的办法是使用 Photoshop 生成一个包含全部动画元素的文件。此外还有更加专业的 Adobe ImageReady、Macromedia Fireworks、Flash 等专门设计网页图像的软件。随着多媒体技术在互联网领域的发展，出现了很多新的多媒体技术，如视频非线性编辑软件 Adobe Premiere 等。

（4）影像及声音的输入和编辑

除了画面，图片、视频、动画中所配合的声音也很重要。数字影像输入的方法是使用数字摄像机，通过声卡输入声音，一些传统的影音资料可以通过专门的硬件设备进行格式转换输入计算机，最后将声音、画面合成，广告基本就制作完成了。

四、网络广告投放

网络广告制作完成后，下一步就是网络广告投放。下面以信息流广告为例，介绍网络广告投放及效果监测。信息流广告是位于社交媒体用户的好友动态或资讯媒体和视听媒体中的广告。信息流广告的形式有图片、图文、视频等，特点是算法推荐、原生体验，可以通过标签进行定向投放，根据自己的需求选择曝光、落地页或应用下载等。

1．信息流广告投放策略

（1）垂直投放

有些广告主认为广告投放到头部的门户网站才会有大曝光、大流量，这种看法是片面的。在用户和市场垂直化的环境下，所选择的平台、广告位、形式、内容要进行相应的垂直化，要与企业的产品特性、目标群体特性和网站的用户属性相匹配，匹配性越高，投放策略越精准。

① 要选择垂直的平台。搜狐、网易、新浪等头部门户的受众面很广，适合投放快消品类；但如果投放的是招商加盟类广告，那么选择加盟网等行业垂直站点会有更好的效果。

② 要选择垂直的广告位。首页的广告位不一定意味着转化效果好，虽然流量多，但也意味着流量不够精准，在更具备内容相关性的栏目、专题或内容页进行广告投放，往往有着更精准的曝光和更高的转化率。例如，一家房地产公司选择新浪房产频道进行广告投放，可能优于在首页进行广告投放。

③ 要选择垂直的广告形式和内容。不同的群体有着不同的需求点、购买欲望和潜在渴望，这就要求有针对性地策划广告内容，包括文案、图像和整体包装。选择合适的形式和内容进行沟通，才可能有效地传达。

（2）增强互动

网络广告从来都不是写几句文案放到网上，告诉用户"这个产品很好"就结束了，给用户一个互动体验的入口，让用户愿意主动参与各种趣味性的活动，如话题发言、趣味游戏、参与评测等，使用户从被动接收广告变为主动接收营销信息，从而提高点击率和转化率。

（3）个性分析

在广告投放前，基本的市场调查一定要做好，包括目标用户的年龄、性别、婚姻、地域、爱好、职业、收入等，要精确地剖析用户画像，了解他们的消费能力、生活方式、个性及偏好，这样才能制定精准的广告投放策略。

（4）引发共鸣

在互联网思维下，用户是一个容易被引导情绪的群体，这就要求在广告内容的制作上要引起用户的共鸣，以细腻的文案和画面去触动用户心中不被轻易触碰的地方，让品牌（产品）信息停留在用户脑海中。

（5）突出利益

调查数据显示，大多数网友最能接受的网络广告内容是能给他们带来好处的信息，如优惠券、免费领取等。在网民逐渐对广告"视觉疲劳"的环境中，以利益去驱动消费者主动接触广告，往往能满足消费者的诉求，让他们觉得实在，引发消费者的关注。

👤 **知识拓展**

网络广告投放需注意的问题

网络广告投放对于广告的效果具有非常大的影响，如果在这个时候能够注意一些情况，那么最终的广告效果会更好。投放网络广告需注意以下几个方面。

① 重视移动互联网流量。移动网络广告流量庞大，如社交、电商、视频等领域已经发展出超级流量 App，而推广内容无外乎文章、图片、视频，善于利用移动互联网的推广平台，可以让广告具有更好的推广效果。

② 具备数据分析能力。将每次的网络广告数据记录下来，并进行数据分析。效果好的，要加强；效果不好的，要分析原因。有些平台推广效果不好，如果是平台的原因，要及时放弃，避免在没有效果的推广工作上浪费太多精力。

③ 整合全网推广。每个新的平台出来，都要敢于去尝试，挖掘平台的推广潜力，推广平台积累多了，自然就形成了一个网络推广平台矩阵，不同流量渠道带来的流量汇聚成足够多的曝光量，必然会推动品牌知名度提高和订单量持续增加，网络推广效果自然就更好。

④ 确定投放网络广告的落地页。网络广告本身的文案、图片、文字链接等要素最终决定了网络广告的效果，所以想要取得好的推广效果，一定要有非常好的广告落地页设计。

⑤ 选择合适的投放位置和广告形式。一些广告之所以没有取得非常好的推广效果，也有可能是因为网络广告的投放位置和广告形式不合适，影响了最终的宣传效果。选择适合的投放位置和广告形式，最终才能有更好的广告效果。例如，用户群体是"00 后"，喜欢视频，就尽量避免用文字来展现广告内容。

2．信息流广告投放平台

（1）新闻资讯类

新闻资讯类平台主要是发布日常新闻、热点、生活资讯的平台，如今日头条、一点资讯、新浪新闻等。这些都是以新闻资讯为主的信息流广告平台，其特点如下。

① 用户使用时间长、频次高、黏性强。

② 由于资讯类产品是率先推出信息流广告，广告售卖和广告位样式多样。

③ 精准度有限，适合强曝光。

（2）社交媒体类

社交媒体类平台是帮助用户建立社会性网络的应用服务平台，如朋友圈、广点通、小红书、QQ 好友动态等，其特点如下。

① 用户互动性强，信息可二次传播。

② 拥有大量的用户注册信息，用户自然属性判定精准度高。

③ 广告形式和样式较单一。

（3）搜索引擎类

搜索引擎类平台是为用户提供信息检索服务的平台，目前比较有代表性的是百度、360 搜索、搜狗搜索等，并且移动端搜索引擎市场份额逐年增加。例如，手机百度目前属于双叠加功能，即搜索功能和新闻资讯相结合。搜索引擎类平台特点如下。

① 用户庞大。

②营销投放精准度高，可锁定用户近期购买需求。

③营销投资回报率高。

④投放形式和样式较单一。

（4）视频类

视频类平台是以播放视频为主的平台，如爱奇艺、腾讯视频、优酷等。由于互联网在线视频市场的前景提升，视频类的信息流广告是目前比较受关注的信息流广告之一，但基于信息流原生广告特点，其制作成本较高，需要整合多方资源。

微课视频

信息流广告展现
形式

3. 信息流广告展现形式

目前比较主流的信息流广告展现形式各有千秋，且在不断地更新变化。

① 大图模式。大图广告在信息流中的展示通常是利用一幅完整的大图配合一个吸引人的标题，来吸引用户的眼球，引导用户完成后续的行为，如图4-19所示。

② 组图模式。组图广告一般是3幅小图组成的广告样式，这种组图广告能表达更多的内容，如图4-20所示。

图4-19　信息流广告大图展示

图4-20　信息流广告组图展示

③ 图片拼接模式。图片拼接模式的展现形式更加活泼，图片也较多，能够表达出更多的内容，如图4-21所示。

图4-21　信息流广告图片拼接展示

④ 小图模式。小图广告重点在于标题文字的优化，通过简短的文字标题达到吸引用户的目的，如图 4-22 所示。

图4-22　信息流广告小图展示

⑤ 评论区广告。信息流广告进入社交平台评论区，迎合了用户的翻评论、写评论的使用习惯。在信息流中，越来越多的人喜欢在评论中寻找知音，他们在看评论的时候处于轻松状态，对内容的接受度很高，如图 4-23 所示。

⑥ 功能区广告。App 功能区放置的广告和 App 主要功能混在一起，很容易让用户认为这是一个功能键而点击，或者出于好奇而阅读，如果落地页具有吸引力，就很容易达到宣传推广效果，如图 4-24 所示。

图4-23　信息流广告评论区展示

图4-24　某App功能区广告展示

⑦ 视频模式。视频广告是"视频＋音效"的广告传播，比较容易吸引用户。在视频广告中，将产品或服务中的核心表达出来，具有事半功倍的效果，如图 4-25 所示。

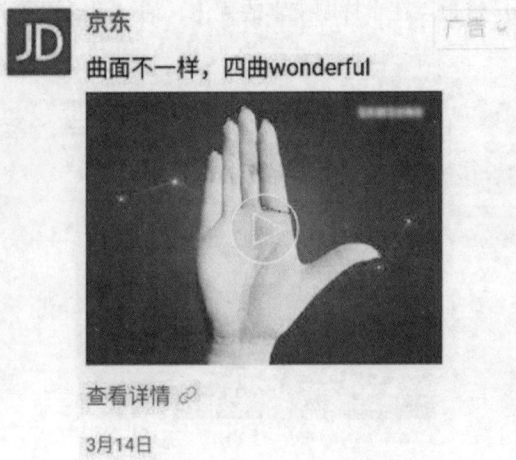

图4-25　信息流广告视频展示

4．信息流广告定向投放

定向投放是信息流广告最大的特点和优势。信息流广告中的定向非常多，各个平台在细节上也稍有差别，但整体框架是基本相同的。定向投放主要分为3种：基础定向、兴趣定向和行为定向。

（1）基础定向

基础定向指用户本身自带的基础标签，一般是相对固定的，如性别、年龄、地域、学历、职业等。

（2）兴趣定向

兴趣定向指根据用户喜欢的、关注的领域标签，分为核心兴趣和人群兴趣。对于兴趣定向，有3种常规操作：一是通投，就是所有的领域都投放；二是设置核心兴趣；三是设置"核心兴趣 + 人群兴趣"。

① 核心兴趣，一般是必选的一项。例如教育行业的核心兴趣是教育分类，旅游行业的核心兴趣是旅游分类，金融行业的核心兴趣是金融分类。

② 人群兴趣。系统根据大数据设置好分类，根据行业的人群画像按照不同的目标用户，适配多种相关兴趣。以招商加盟为例，除了选择招商加盟兴趣外，还可以选择美容、旅游等其他用户同样感兴趣的分类。再如，教育行业，除了选择教育分类外，还可以选择金融、投资或资讯等。

（3）行为定向

行为定向就是系统对访客行为进行分类筛选，分为搜索定向、互动定向和回头定向3种。

① 搜索定向。一些搜索渠道（如百度、360 搜索等）基于访客搜索关键词，通过意图标签进行定向，抓取更加精准的访客。搜索定向是比较精准的流量，百度就是"兴趣定向 + 搜索定向"。

② 互动定向。基于今日头条、朋友圈、广点通等平台，通过用户互动点赞、转发、评论等访客行为作为定向方式抓取特定人群。互动定向的流量比搜索定向更加宽泛，如广点通就是"兴趣定向 + 互动定向"。

③ 回头定向。依据老客户的数据投放，如通过访客电话号、下载相关产品访客 ID 或关注公众号的行为进行定向投放。回头定向锁定的人群大多为目标人群。

想一想

你认为中低端的化妆品、护肤品是怎样进行广告定向的？

5．信息流广告投放技巧

（1）定向技巧

定向的核心意义是找到目标用户。在信息流的后台有很多可以找到受众用户的办法，如人群画像、兴趣爱好、职业、关键词等。就定向而言，其有两个原则。

一是宜宽不宜窄。在没有详细数据做支撑的情况下，定向不宜过窄，否则会影响广告的展现，在兴趣定向上也不要过于精细。

二是避免定向重叠。广告投放前期尽量不要采用关键词、兴趣两种定向方式，特别是初次投放的时候，通过对目标用户群体的分析，先确定大概的人群定向，再根据数据将定向变窄，最后再进行精细化运营。

（2）出价技巧

广告投放是需要进行出价的，类似于拍卖竞价，很多信息流平台会依据行业特性给出一个建议出价。这个出价只适合参考，不适合采用。如果出价不合理，很容易导致竞争力变低，从而竞争不到广告的展现机会。出价后要多注意观察数据变化，然后不断调整出价。另外，在很多特殊节点或节日，如"双11"等，竞争对手为了抢占广告展现机会，会把竞价抬高，如果未及时提高出价，也会导致展现量过低。

（3）账户预算

信息流广告投放的展现量受广告投放预算的影响较大，账户预算过低会导致展现量变低。对于预算有限的账户，前期应该集中精力投放广告，以便账户能有一个较高的展现量。在前期预算不足的情况下，还要根据流量需求调整投放策略，将有限的预算集中在有效的投放时间或定向人群。

（4）推广时段

推广时段是指广告的推广时间。推广时段设置得不好，广告的展现量也会较低。推广时段不恰当主要表现为两个方面。

推广时段错误地避开了高峰时间段，导致展现量变低；优质时段（如午休时间、上下班高峰期是属于平台流量的高峰期）出价无竞争力，导致展现量低。

信息流广告主要是针对用户的碎片化时间的广告。如果预算充足，建议全天投放；如果预算不足，可以根据产品目标用户群体在推广平台上的活跃时间来设定不同时段的投放预算。

微课视频

网络广告定向投放

课前自学

👤 **知识拓展**

信息流广告投放最佳时间

信息流广告投放时间如何选择很重要，3个常规的时间段如下。

①上下班路途中：6：00—9：00、17：00—19：00。

②工作时间：9：00—18：00。

③休息时间：19：00—00：00。

想要让自己投放的信息流广告取得很好的效果，需要根据不同的用户属性、产品属性、平台属性来设置不同的时段策略。

1. 上下班路途中

在这段时间，用户浏览最多的是新闻资讯类应用，所以应该把握住百度新闻和头条新闻的流量。

2. 工作时间

在工作时间，用户浏览较多的是搜索引擎类平台，所以应该把握住百度和其他搜索引擎平台的流量。

3. 休息时间

在休息时间，用户浏览最多的是视频和娱乐类平台，所以应该把握住微博、微信及短视频类平台的流量。

不同的行业，其工作休息时间各不相同，如果想要获取精准的流量，可以根据目标人群的具体作息时间来制定相应的时段策略。

博古通今

古代的购物节

"双11"说到底就是利用特殊的日子销售商品，其实在我国古代，古人已经擅长使用这种营销手段了。古代的每个节日几乎都被商人利用来做"节令生意"，举办属于古人的"购物节"。

1. 春节

人们往往要置办大量年货，所以就有了每年农历腊月出现的专为出售各种过年必备品而举办的"腊月集"。

"近岁节，市井皆印卖门神、钟馗、桃板、桃符，及财门钝驴，回头鹿马，天行帖子。卖干茄瓠、马牙菜、胶牙饧之类，以备除夜之用。"

——宋·孟元老《东京梦华录》

2. 元宵节

元宵节也称"灯市"，以卖花灯为主。人们赏花灯，猜灯谜，放河灯，集市上各式各样的灯笼琳琅满目，营造出浓浓的节日氛围。

"都城自旧岁冬孟驾回……天街茶肆，渐已罗列灯球等求售，谓之'灯市'。自此以后，每夕皆然。"

——南宋·周密《武林旧事·元夕》

3. 寒食节

在清明节之前，古人会踏青出游。人流量一大，集市便热闹开了，商家借机摆出时令糕点，为人们的春游活动备上吃食。

"四野如市，往往就芳树之下，或园囿之间，罗列杯盘，互相劝酬。……各携枣锢、炊饼，黄胖、掉刀，名花异果，山亭戏具，鸭卵鸡雏，谓之'门外土仪'。……节日，坊市卖稠饧、麦糕、乳酪、乳饼之类。"

——宋·孟元老《东京梦华录》

4. 乞巧节

乞巧节是属于女子的节日。姑娘们穿上新买的衣服，将自己亲手做的小玩意儿或好吃的瓜果摆出去卖。

"七夕，潘楼前买卖乞巧物。自七月一日，车马嗔咽，至七夕前三日，车马不通行，相次塞遏，不复得出，至夜方散。"

——宋·罗烨、金盈之《醉翁谈录》

古为今用

如果你生活在古代，在以上的"购物节"中，你将如何设计投放广告？

自学自测 ↓

一、单选题

1. 微信朋友圈发布广告属于（　　　）。

   A. Banner 展示广告　　　　　　B. 信息流广告

   C. 搜索引擎广告　　　　　　　　D. 电子邮件广告

2. 按照每千次印象费用进行广告计费，即广告每显示 1000 次的费用，这是（　　　）计费方式。

   A. CPM　　　　　B. CPC　　　　　C. CPA　　　　　D. CPT

3. 可口可乐的广告经常以红色背景为主，这是一种（　　　）的网络广告色彩设计思路。

   A. 以信息传达为目标进行设计

   B. 以目标用户定位为主要内容进行设计

   C. 以企业形象为主要内容进行设计

   D. 以艺术美学为主要内容进行设计

4. 属于新闻资讯类的网络广告投放平台的有（　　　）。

   A. 今日头条　　　　　　　　　　B. 一点资讯

   C. 腾讯新闻　　　　　　　　　　D. 以上都是

5. 信息流广告定向投放有（　　　）。

   A. 基础定向　　　　　　　　　　B. 兴趣定向

   C. 行为定向　　　　　　　　　　D. 以上都是

二、多选题

1. 网络广告的特点包括（　　　）。

   A. 传播范围广泛

   B. 非强迫性传送资讯

  C. 目标用户数量可准确统计

  D. 灵活的实时性

2. 按展示次数进行计费的网络广告计费方式有（   ）。

  A. CPM   B. CPC   C. CPA   D. CPTM

3. （   ）的广告宣传必须明确标明"广告"字样。

  A. 推销产品或服务的含有链接的文字、图片或视频等形式

  B. 推销产品或服务的电子邮件广告

  C. 推销产品或服务的付费搜索广告

  D. 推销产品或服务的商业性展示

4. 网络广告的目标主要有（   ）。

  A. 建立品牌认知或偏好   B. 促使用户即时购买

  C. 刺激用户交互行为   D. 打垮竞争者

5. 网络广告的投放渠道有（   ）。

  A. 企业主页

  B. 微博、微信、抖音等新媒体平台

  C. 搜索引擎网站或内容网站

  D. 垂直类网站、垂直类 App

6. （   ）可以增强网络广告中的互动。

  A. 话题发言   B. 趣味游戏

  C. 参与评测   D. 垂直投放

三、判断题

1. 新产品上市告知的广告重点应该在广告接触总人数，而非页面显示次数。（   ）

2. 产品促销广告应该将重点放在广告的美观制作上，从而吸引网民点击。（   ）

3. 制订广告预算的量力而行法即确定广告预算的依据是企业所能拿得出的资金数额。（   ）

4. 广告语的句子要尽量详细，尽量多描述产品优点。（   ）

5. 推广时段应该错开流量高峰期。（   ）

四、简答题

1. 网络广告策划的流程有哪些？

2. 网络广告的设计技巧有哪些？

3. 网络广告的制作流程是什么？

课中实训

实训准备 ↓

◢ 实训目标

本次实训为网络广告推广实训，通过网络广告策划、网络广告设计、投放方案设计等系列操作，学生能够掌握网络广告策划、设计及投放的流程和技巧，建议小组共同完成一次网络广告设计及投放活动。

◢ 实训项目

本次实训以下项目二选一，可以选择书中提供的 A 企业实训项目，也可以依托其他企业项目，或者学生、教师的创业项目。

项目一：学生依托 A 企业的真实项目，利用素材包中的资料，为企业设计网络广告，并制订投放计划，从而助力企业提高品牌知名度，促进产品销售。

项目二：学生自选 ××× 产品 / 品牌，为企业设计网络广告，并制订投放计划，实现商业价值。

◢ 实训步骤

（1）完成课前自学部分的知识学习，巩固与网络广告推广相关的知识。

（2）本次实训拆解为 4 个部分，包含 11 项实训任务，请按照网络广告推广工作过程依次完成实训任务。

（3）实训过程中可采用线上线下混合学习方式，学生以小组为单位协同合作，运用一些新媒体制作工具 / 平台辅助网络广告制作，通过头脑风暴集思广益，共同完成实训任务。

（4）每项任务的实训成果需要整理到相关表格（表格可以另外附页）或以思维导图形式呈现。

◢ 实训资料

A 企业详细背景资料请参照项目一"实训资料"相关内容。

实训一　网络广告认知

任务1　网络广告形式分析

任务描述：学生打开手机或计算机网页，找出网络广告的展现形式，并以小组为单位，讨论各种网络广告形式的优缺点是什么，填写网络广告形式分析表，如表 4-1 所示。

表 4-1　网络广告形式分析表

广告形式	哪个企业/产品的广告	优缺点分析
横幅广告		
文本链接广告		
弹出广告		
信息流广告		
视频广告		
搜索引擎广告		
电子邮件广告		

他山之石

朋友圈不同广告形式的解决方案举例

推广品牌活动，可用 H5 推广页面解决方案。公众号图文消息制作快捷，编辑修改门槛低，详情模板帮助广告主快速、低成本地制作 H5 页面，支持广告主最大限度地施展创意，如图 4-26 所示。

图 4-26　推广品牌活动广告

推广公众号，可用原生推广页解决方案。平台提供高度定制化的行业模板，也提供图片、视频、表单、文本、按钮、翻页效果等开放组件供广告主自由拼接页面内容，给予有一定素材制作能力的广告主自由组合与创作的空间，如图 4-27 所示。

图4-27　推广公众号广告

　　推广我的应用，可用 H5 解决方案。直连 App Store，快捷展示 App 详情，提高下载效率，如图 4-28 所示。

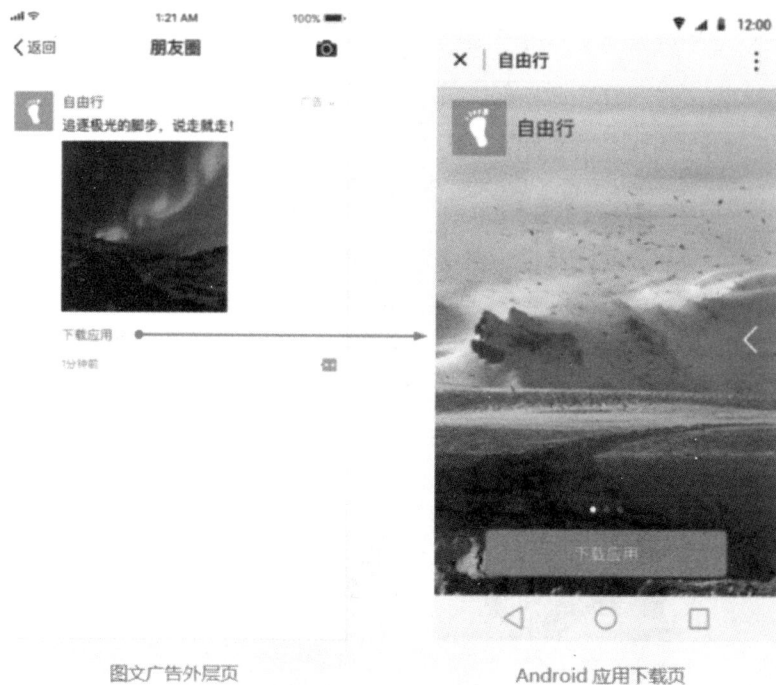

图4-28　推广我的应用广告

　　推广企业优惠券，可以用 H5 解决方案。平台提供微信卡券模板，快捷展示卡券详情，提高卡券领取效率，如图 4-29 所示。

　　推广线下门店，可用原生推广页解决方案。平台提供高度定制化的行业模板，也提供图片、视频、表单、文本、按钮、翻页效果等开放组件供广告主自由拼接页面内容，给予有一定素材制作能力的广告主自由组合与创作的空间，如图 4-30 所示。

图4-29 推广企业优惠券广告

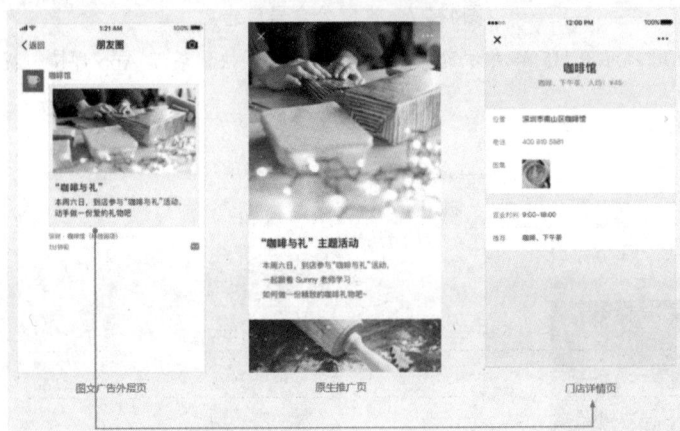

图4-30 推广线下门店广告

收集销售线索，可以用小程序解决方案。广告投放落地页以小程序为载体，用户点击广告后直接进入小程序页面，进一步提升操作的流畅性，满足广告主推广小程序的切实需求。点击卡片灰色区域跳转小程序，如图4-31所示。

图4-31 收集销售线索广告

　　推广商品，可以用原生推广页解决方案。点击外层图片／视频，跳转至原生推广页，点击原生推广页内的"查看详情"按钮，跳转至自定义的H5商品详情页，如图4-32所示。

图4-32　推广商品广告

课中实训

任务2　网络广告形式调研

　　任务描述：学生在网上搜索A企业（或某企业）的品牌关键词或产品关键词，查找该企业做过哪些网络广告，分析其网络广告投放的网址／平台和优缺点，填写网络广告形式调研表，如表4-2所示。

表4-2　网络广告形式调研表

做过的网络广告形式	网络广告投放的网址／平台	优缺点分析

任务3　网络广告计费方式分析

　　任务描述：学生在网上搜索各大广告平台的计费方式，分析不同类型的广告计费方式是否一样，每个平台相同类型的广告计费方式是否一样，填写网络广告计费方式分析表，如表4-3所示。

表4-3　网络广告计费方式分析表

平台类型	广告展现方式	计费方式
百度搜索引擎平台		
百度信息流平台		

平台类型	广告展现方式	计费方式
朋友圈广告平台		
抖音视频平台		

⚖ **法治护航**

《互联网广告管理办法》2023 年 5 月 1 日起施行

为切实维护公平竞争、规范有序的市场秩序，保护消费者合法权益，更好地为互联网广告业健康发展营造良好的市场环境，国家市场监督管理总局公布的《互联网广告管理办法》（以下简称《办法》）于2023年5月1日正式实施。对于社会各界诟病比较集中的互联网广告问题，如弹出广告"过多过滥"、直播卖货乱象频出、网红虚假代言等，《办法》都予以进一步规范，着力增强互联网广告监管的力度，调整传统电商监管思路，整治互联网广告"沉疴"，也进一步细化监管措施。

职场思考

请在网上查找《互联网广告管理办法》全文进行自学，用接龙的形式进行小组PK，看看谁记住的内容最多。

实训二　网络广告策划

任务1　网络广告投放渠道分析

任务描述：近两年来，A 企业深耕产品和用户，并借助小红书、抖音、快手等平台完成了品牌推广宣传，尤其是在短视频推广中，取得良好的推广效果。请分析，A 企业为什么会选择这 3 个渠道作为主要的广告投放宣传渠道？请填写网络广告投放渠道分析表，如表4-4所示。

学生也可根据实际情况，自行选择其他企业的广告渠道进行分析。

表 4-4　网络广告投放渠道分析表

平台类型	平台针对人群及特点	选择该渠道原因分析
小红书		
抖音		
快手		

任务2　网络广告策划分析

任务描述：针对最近的节日，为企业策划一个宣传企业天猫店铺的广告，并填写网络广告策划分析表，如表 4-5 所示。

表 4-5　网络广告策划分析表

策划内容	结果展示
广告目标	
广告目标用户	
广告展现形式	
广告计划投放渠道	
广告初步创意	

课中实训

👤 **知识拓展**

"放下手机"公益广告策划书

1. 广告策划背景

随着电子信息业发展，手机已成为人们必备的工具。手机上网已成为普遍现象，人们在同学聚会、吃饭时，都要拿起手机，看看淘宝，搜索好友的动态、默默地点赞，却忽视了身边的人。人们需要网络的沟通，更需要人与人亲密的交流。

2. 广告目标

手机给人们带来了许多隐患，包括心理上的和身体上的，让人与人之间的交流减少了。通过公益广告宣传，告知人们如何正确使用手机，活跃面对面的交流，以实现让人们心连心的目的和作用。

3. 广告目标用户

学生，也包括其他社会人群。

4. 广告创意

广告形式：采用平面广告形式，内容是各类人群玩手机的场景，给人以启示，引起反思。

广告宣言：我们拥有手机，但请不要忘记我们的"语言"。

5. 广告媒体选择

现在新媒体平台是大学生最常用也最喜欢使用的网络平台，在网络上投放效果比较好，性价比高。该公益广告可以选择 QQ 空间、微博、小红书等方式进行截图宣传，在短视频平台进行动画视频播放宣传。

6. 广告评估

采用抽样调查的方式，在不同年级、专业抽样调查，采用实际观察和问卷调查等方式来评估广告的效果，分析广告对人们现实生活的引导作用，用实际情况来调整广告策略，以达到更好的广告效果。

🔨 **法治护航**

误点广告，你遇到过吗？

部分网页在打开后会出现"内存已满，立即清理""电池过热，立即降温""拦截到木马，立即查杀"等页面（见图4-33），用文字、图片、视频等方式诱导用户点击，实则向用户推送未经审核的产品，甚至是违法内容，严重侵犯了用户的合法权益。这样的情况，你遇到过吗？

图4-33 "内存已满"页面

《互联网广告管理办法》第十一条规定，不得以下列方式欺骗、误导用户点击、浏览广告：

① 虚假的系统或者软件更新、报错、清理、通知等提示；

② 虚假的播放、开始、暂停、停止、返回等标志；

③ 虚假的奖励承诺；

④ 其他欺骗、误导用户点击、浏览广告的方式。

职场思考

请站在互联网用户的角度上思考，"误点广告"有什么负面影响？如何策划出真正吸引用户愿意点击的广告呢？

实训三 网络广告设计与制作

任务1 网络广告创意分析

任务描述：A企业（或某企业）近两年来发展迅速，每年"双11"购物节、"6·18"购物节，A企业都会推出网络广告，用于品牌宣传和活动推广。

请在网络中找到5个A企业（或某企业）的竞品广告，分析各竞品广告的创意点，填写竞品网络广告创意分析表，如表4-6所示。

表4-6 竞品网络广告创意分析表

竞品	展现形式	创意点	广告语
竞品广告1			
竞品广告2			
竞品广告3			
竞品广告4			
竞品广告5			

任务2　网络广告创意策划

任务描述：请打开企业官方旗舰店或公众号，了解企业现在的主推产品，策划一个本年度"双11"（"6·18"或其他购物节）的网络广告，并填写网络广告创意策划与设计表（见表4-7），也可根据实际情况自行选择其他企业进行分析。

表4-7　网络广告创意策划与设计表

策划内容	结果展示
广告目标	
广告创意点	
广告展现形式	
广告语	
广告主题色彩设计	

任务3　网络广告素材收集

任务描述：根据广告创意及预期制作的广告，结合课前自学中推荐的素材平台，请查找相关素材，并对素材进行分类、保存，将收集素材的经验填入网络广告素材收集表中，如表4-8所示。

表4-8　网络广告素材收集表

项目	经验
收集素材的平台	
收集素材的技巧	
素材分类、存储的做法	
其他	

任务4　网络广告制作

任务描述：根据广告创意及所收集的素材，制作一个网络广告（图片、图文、视频均可），可以使用Photoshop、Flash等专业软件进行制作，也可以在网上找一些可视化的网络广告制作软件，将找到的软件进行分享，并将制作网络广告的经验及制作成果填入网络广告制作表中，如表4-9所示。

表4-9　网络广告制作表

项目	经验
你找到的制作软件有哪些	
软件优缺点	
遇到的问题及解决办法	
作品贴图	

课中实训

┌─── 他山之石 ───

网络广告制作软件介绍

Photoshop、Flash、会声会影等软件都比较专业，需要较长的学习时间。下面介绍几种简单好用的网络广告制作软件。

① 万彩动画大师：制作动画、视频。

② 万彩手影大师：大量手势动画制作。

③ 凡科快图：图片编辑软件。

④ Canva 可画：提供免费设计模板，涵盖海报、宣传单页、Logo、Banner 等多种设计场景。

⑤ 创客贴：图片、海报、宣传单页等设计软件。

⑥ 图怪兽：图片、图文设计软件。

⑦ 90 设计：提供字体素材、电商模板、背景图库。

⑧ 字由：字体素材库及设计软件。

⑨ 爱美刻：在线视频制作软件。

⑩ 右糖：短视频制作软件，提供专业模板。

⑪ 夺目：简单好用的企业视频制作工具。

⑫ GoPro Quik：视频编辑软件 App。

⑬ 万兴喵影：视频剪辑软件。

⑭ 必剪：短视频拍摄和剪辑 App。

⑮ 秀展网：动画制作软件。

└──

实训四 微信信息流广告投放

任务1 微信信息流广告投放创建

任务描述：如果企业将网络广告投放在信息流平台，请参照微信广告官方平台，学习微信广告创建的步骤，并填写微信广告投放表，如表 4-10 所示。

表 4-10 微信广告投放表

广告目标	
广告位选择	
购买方式	
为投放计划命名	

任务2 微信信息流广告定向投放设置

任务描述：如果企业将网络广告投放在信息流平台，请参照微信广告官方定向投放说明，学习微信广告定向投放技巧，并填写表微信广告定向投放表，如表 4-11 所示。

表 4-11　微信广告定向投放表

地域定向设置	
人口属性设置	
手机设备设置	
媒体类型设置	
自定义标签设置	

他山之石

百度信息流广告投放案例

"太郎花子婚纱摄影"在百度投了信息流广告，如图 4-34 所示，下面介绍其广告投放情况。

客户名称：
太郎花子婚纱摄影

本次活动优惠：
520特别回馈套系限定，2999元起拍，三大套系立减1000元。

效果数据：
投放日期：5.15-5.25
投放物料：15套物料
数据展现：平均点击率6.53%。

图4-34　"太郎花子婚纱摄影"百度信息流广告

选择的投放时间是 5 月 15 日—5 月 25 日（在 5 月 20 日前后进行预热宣传），针对不同地域的人群进行分析，进而锁定其所关心的套系风格，后期通过图片呈现给用户。

通过百度大数据分析，最终锁定"95 后"人群，因为这部分人群更为关注"5·20"这样的日子，进而通过意图词定向，结合以往数据及用户喜好进行合理投放。

采用担保式保量投放强曝光。担保式保量投放是广告主在投放广告时已经向媒体确认投放一定量广告，媒体已经确认会播放这些广告，并且双方在广告投放前已经约定好广告的价格和投放量。大量展现品牌的主题优惠活动，覆盖更多潜在人群。

通过这次投放，目的是让更多的人了解"太郎花子婚纱摄影"。利用文案让用户熟悉此次的活动主题及优惠套系，图片采用小清新风格，引发用户的共鸣。

技能训练成效评价 ↓

素质提升测试

序号	素质目标	评价要点	评价结果
1	具备创新思维	能够在网络广告创意阶段提出不同类型的广告构思2～3个	☆ ☆ ☆ ☆ ☆
2	具备较高的信息化素养	能够自主运用网络资源进行搜索，学习微信、抖音、百度等平台等网络广告的相关知识和技能	☆ ☆ ☆ ☆ ☆
3	具备正确的价值观	能够根据产品特点、企业文化，创造积极向上的广告作品	☆ ☆ ☆ ☆ ☆
4	具备法律意识	能够自学相关法律法规，识别广告投放时违规行为及禁忌红线	☆ ☆ ☆ ☆ ☆

能力达成测试

序号	能力目标	评价要点	评价结果
1	能够合理选择网络广告投放渠道	掌握不同类型的广告投放平台5个以上，并能够根据产品特点及预算合理规划投放渠道	☆ ☆ ☆ ☆ ☆
2	能够在网上收集网络广告的各种素材	能够灵活利用搜索网站，搜索图片、视频等不涉及版权的广告素材	☆ ☆ ☆ ☆ ☆
3	能够用软件制作简单的网络广告	掌握1～2种网络广告设计软件，并能独立制作	☆ ☆ ☆ ☆ ☆
4	能够实施网络广告的定向投放	能够根据目标用户及产品特点，选择合适的时间段实施定向投放	☆ ☆ ☆ ☆ ☆

学习总结

通过本项目学习，我掌握了 _____ 知识/方法，锻炼了 _____ _____ 技能，和小组同学一起完成了 _____ 任务。

本项目学习过程中，我最大的收获是 _____ ；最大的提升是 _____ ；还需要继续努力的方面有 _____ 。

课后提升

案例一　虚拟现实技术开拓广告创新

虚拟现实是新一代信息技术的重要前沿方向，是数字经济的重大前瞻领域，将深刻改变人类的生产生活方式，其产业发展战略窗口期已然形成。虚拟广告是虚拟现实技术在影视、广告行业的落地场景之一。虚拟广告是通过人工智能算法，以后期虚拟技术在原生视频节目中内嵌的广告植入。这种以技术手段巧妙植入的类原生广告，与原视频融为一体，观众不会察觉是节目拍摄时植入还是后期人工智能植入。

2022年11月26—29日19：24，CCTV-9纪录频道播出纪录片《螃蟹的征途》，虚拟广告首次出现在节目中，自然融入画面场景，与内容衔接浑然一体，也为日后满足广告主动态化的传播需求探索了新的解决路径。图4-35所示的墙上正在播放的动态电视广告为后期虚拟植入。虚拟广告技术的应用意味着植入广告不再受节目拍摄周期的限制，即使已经完成前期拍摄的视频内容，只要确定广告植入点位，在后期制作和播出过程中都有商业元素的植入机会。这使广告招商周期有机会与内容价值周期同步，让优质内容实现更多元化的价值回报。

图4-35　虚拟广告

未来，虚拟现实技术可以应用到更多视频节目的制作和播出中，实现影视剧、综艺、纪实纪录、短视频、直播等相关领域的技术全覆盖，可以不断开拓虚拟现实与影视、广告行业的融合，推动更多创新模式和应用服务。

创新思考

1. 请分析案例中的虚拟现实技术植入广告能够带来哪些广告创新？

_____

2. 请在新媒体网站/平台搜索一个利用虚拟技术设计广告的案例，并与其他同学讨论分析这种广告给广告设计带来的成本变化。

_____

案例二　利用大数据和AI技术提升广告回报

在数字化时代，广告效果评估已经迈入了一个全新的阶段。随着大数据分析和AI技术的发展，新媒体推广人员有了更多机会进行精细和高级的广告效果评估，从而提升广告投资的回报。

利用大数据和 AI 技术进行高级的广告效果评估，为新媒体营销策略的制定和优化提供更多洞察。

（1）进行数据驱动的广告定位和创意

大数据分析可以帮助新媒体推广人员深入了解目标用户的行为、兴趣和偏好。通过分析用户的浏览历史、社交媒体活动等数据，广告可以更精准地定位，从而提供更符合目标用户期待的广告内容。可以制定个性化广告策略：根据大数据分析结果，定制不同目标用户的广告内容，提高目标用户的参与度和转化率。通过分析目标用户的喜好，调整广告创意和呈现方式，增加广告的吸引力。

（2）预测目标用户行为和转化趋势

利用 AI 技术，可以建立预测模型，根据历史数据预测目标用户未来的行为和转化趋势。这有助于新媒体推广人员更准确地调整广告投放策略，以应对潜在的变化。根据 AI 预测，制定实时调整策略，及时调整广告投放时机、渠道和内容，以适应目标用户可能发生的变化。基于 AI 预测的转化趋势，合理分配广告预算，提高广告投资的效益。

（3）实时广告效果监测与反馈

大数据和 AI 技术使广告效果的监测和反馈变得更加实时和精准。通过实时分析广告数据，新媒体推广人员可以迅速了解广告的表现，及时调整策略，避免资源浪费。利用大数据分析，设定实时警报，一旦广告效果出现异常，立即采取行动。根据实时数据，迅速优化广告内容、渠道或投放时间，以增强广告的效果。

（4）用户情感分析和情感引导

AI 技术可以分析用户在社交媒体上的言论和情感，了解他们对广告的情感反应。这有助于调整广告内容，更好地引导目标用户的情感，从而增加广告的影响力和共鸣。在分析用户反馈时，可以通过自然语言处理技术，分析目标用户在社交媒体上的评论，了解他们对广告的看法和情感。根据用户情感分析结果，调整广告的情感定调，使之更贴近目标用户情感，增加亲和力。

（5）跨渠道整合和一体化分析

大数据和 AI 技术使得不同渠道上的广告数据可以进行整合和分析。跨渠道一体化分析能够提供全局视角，帮助新媒体推广人员更好地理解目标用户的整体互动行为。进行跨渠道数据整合，将不同渠道的广告数据整合，分析目标用户在不同渠道上的互动和转化情况。基于跨渠道数据分析，制定整合的广告投放策略，提升广告效果的一体化。

大数据和 AI 技术为广告效果评估带来了机会和挑战。通过数据驱动的广告定位和创意、目标用户行为预测、实时监测、情感分析及跨渠道整合，新媒体推广人员可以实现更精细和高级的广告效果评估。当然，要充分发挥这些技术的优势，需要具备数据分析和 AI 应用的专业知识，以及持续的学习和创新精神。

创新思考

1. 结合案例分析，大数据和 AI 技术给传统广告效果评估带来了哪些创新？

2. 请思考讨论：新媒体推广人员使用大数据和 AI 技术进行广告效果评估时需要哪些专业知识？